Karl Hermann Künneth

Der Benimm-
Leitfaden
für Azubis

D1732000

011406

Karl Hermann Künneth

Der Benimm-Leitfaden für Azubis

3., durchgesehene Auflage

expert Taschenbuch Nr. 97

Bibliografische Information Der Deutschen Bibliothek

Die Deutsche Bibliothek verzeichnet diese Publikation
in der Deutschen Nationalbibliografie;
detaillierte bibliografische Daten sind im Internet über
http://dnb.d-nb.de abrufbar.

Bibliographic Information published by Die Deutsche Bibliothek

Die Deutsche Bibliothek lists this Publication
in the Deutsche Nationalbibliografie;
detailed bibliographic data are available on the Internet at
http://www.dnb.de

FSC
www.fsc.org
MIX
Papier aus ver-
antwortungsvollen
Quellen
FSC® C016368

ISBN 978-3-8169-3234-5

3., durchgesehene Auflage 2017
2., aktualisierte Auflage 2011
1. Auflage 2006

Bei der Erstellung des Buches wurde mit großer Sorgfalt vorgegangen; trotzdem lassen sich
Fehler nie vollständig ausschließen. Verlag und Autor können für fehlerhafte Angaben und
deren Folgen weder eine juristische Verantwortung noch irgendeine Haftung übernehmen.
Für Verbesserungsvorschläge und Hinweise auf Fehler sind Verlag und Autoren dankbar.

© 2006 by expert verlag, Wankelstr. 13, D-71272 Renningen
Tel.: +49(0)7159-9265-0, Fax +49(0)7159-9265-20
E-Mail: expert@expertverlag.de, Internet: www.expertverlag.de
Printed in Germany

Inhalt

Dieses Buch vermittelt die aktuellen Umgangsformen für die Zielgruppen

- **Schüler**
- **Praktikanten**
- **Azubi.**

Die **„Tatsächlichen Gespräche zwischen Prüfern der IHK und Azubi"** lockern den Buchinhalt auf, machen Spaß und sind wirklich so geführt worden. Sie werden staunen.

Nach wie vor gilt, gute, situative Umgangsformen sind

- privat
- in der Berufsschule
- im Beruf

noch nie negativ aufgefallen!

Fingerspitzengefühl ist immer gefragt

Vergessen Sie nie: Sie vertreten und repräsentieren immer Ihre Firma, teilweise auch in Ihrer Freizeit!

Zusätzlich sollten Sie immer beachten:

Es ist ein Zeichen Ihrer geistigen und menschlichen Reife, wenn Sie die Normen, Werte und Regeln unserer Umwelt verstanden haben, sie

- anerkennen,
- respektieren und
- befolgen

Es ist geschafft!

Ihr erster Arbeitstag als Azubi oder Praktikant steht bevor oder liegt seit einiger Zeit hinter Ihnen.
Jetzt gilt es,

➡ sich zu behaupten,
➡ einen guten Eindruck zu vermitteln,
➡ Sympathien zu gewinnen,

damit Sie
– die Probezeit/das Praktikum überstehen,
– nach der Ausbildung / dem Praktikum sofort oder später
  übernommen werden,
– gute Beurteilungen bekommen,
– sich gute Aussichten für die Übernahme verschaffen,
– ein gutes Arbeitszeugnis erhalten,
– um sich beste Chancen für einen neuen Arbeitsplatz zu sichern.

Behalten Sie folgenden Spruch in Erinnerung und stufen Sie sich selbst ein:
„Erfolgreiche Mitarbeiter lernen aus den Fehlern und Hinweisen anderer.
Gute Mitarbeiter lernen meist aus eigenen Fehlern.
Erfolglose Mitarbeiter machen alle Fehler selber, und das mehrmals."
Wie ist es denn bei Ihnen?

Azubis und *Praktikanten* hilft dieser leicht verständliche Leitfaden, die ersten Hürden der Berufswelt zu nehmen.
Es erklärt die wichtigsten Verhaltensmuster und Umgangsformen für Berufsneulinge, nennt Tabus und zeigt tadelloses Verhalten.
Zahlreiche **Fotos** und **Selbsttests** führen zum besseren Verständnis der Inhalte.

Die Lösungen zu den Selbsttests finden Sie am Ende des Buches.

Vergessen Sie die Schulwelt!

Die meisten der dortigen Regeln gelten in der Berufswelt nicht mehr.

Ihre schulischen Erfolge werden jetzt von beruflichen Anforderungen und Ihren dortigen Leistungen abgelöst.

In der **Berufswelt** gelten völlig andere Regeln als in der Schule.

Sie arbeiten jetzt zum Nutzen der Firma *und* zu Ihrem eigenen Nutzen.

Bringen Sie Ihrem Betrieb Nutzen,

gliedern Sie sich gut in die betriebliche Ordnung ein.

Damit sichern Sie Ihren Arbeitsplatz, die Anerkennung Ihrer Kollegen und Chefs und nutzen sich selbst dabei.

Wer gegen die meist ungeschriebenen Regeln aufmuckt oder versucht, seinen eigenen Kopf durchzusetzen, wird schnell wieder auf der Straße stehen und sich einen neuen Azubi-/Praktikantenplatz suchen müssen.

Ihre Kollegen und Vorgesetzten haben meist den längeren Atem und auch die Möglichkeiten, ihre Anordnungen durchzusetzen.

Dies gilt auch, wenn Sie die Regeln des betrieblichen Miteinanders stören oder brechen.

So sichern Sie Ihren Arbeitsplatz:
- ➔ **Befolgen Sie die Vorschriften Ihrer Firma.**
- ➔ **Beachten Sie die Firmenregeln und Anordnungen.**
- ➔ **Stören Sie auf keinen Fall den Betriebsfrieden.**

Für Ausbilder ist dieses Buch ein leicht anwendbarer Leitfaden zur Einweisung neuer Azubis und Praktikanten.

Beachten Sie:

- → Sie bilden Azubis für das Berufsleben aus.
- → Sie legen bei Praktikanten den Grundstein für das spätere Berufsleben.
- → Sie stellen während der Ausbildung die Weichen für den späteren beruflichen Erfolg oder Misserfolg Ihrer Schützlinge.
- → Berücksichtigen Sie nicht nur die Regeln in Ihrem Betrieb, sondern weisen Sie auch auf abweichende Regeln in anderen Betrieben hin.

Denken Sie immer daran, dass Sie Ihren Azubis mit zu kumpelhaftem Benehmen oder zu lascher Auslegung der Verhaltens- und Benimmregeln keinen Gefallen tun.

Im Gegenteil:

Wenn diese später in eine Firma mit anderen Maßstäben wechseln, werden sie einen sehr schweren Stand haben.

Vertrauen verschenkt man nicht, sondern man muss es sich verdienen.

Ausbildungsbetriebe erleichtern sich mit diesem Leitfaden die Unterweisung ihrer neuen Azubis oder Praktikanten, indem sie auf die für ihren Betrieb wichtigen Punkte aus dem Buch hinweisen, sie unter Umständen schulen und anschließend auf deren Befolgung achten.

Eine meist wenig beachtete Tatsache ist:

Die Meinung über einen neuen Azubi bildet sich bei den Lehrherren, Kollegen und Ausbildern während der ersten vier bis sechs Wochen der Zusammenarbeit.

Damit Sie diese wichtige Zeitspanne und die Zeit danach gut überstehen, sollten Sie sich an die Empfehlungen in diesem Buch halten.

Gute Umgangs- und angepasste Verhaltensformen sind heute gefragter denn je. Für viele Unternehmen gehören sie schon beim Einstellungsgespräch zu den Auswahlkriterien und bleiben Beurteilungsmaßstäbe im gesamten Berufsleben.

Dieses Buch vermittelt die aktuellen Regeln und Verhaltensmuster.
Sie gelten für **Deutschland**, **Österreich** und die **Schweiz**.
Es liefert eine Vielzahl von sofort anwendbaren Tipps, die Azubis und Praktikanten über die erste, schwierige Zeit hinweghelfen und auch danach nützlich sind.

Es sind Empfehlungen.
Der Leser entscheidet, ob und in welchem Umfang er sie annimmt oder nicht.

Vor einiger Zeit hörte ich eine interessante Aussage:

> *„Es ist ein Zeichen geistiger Reife, wenn Menschen die Normen, Werte und Regeln ihrer Firma verstanden haben, sie anerkennen, respektieren und befolgen."*

Zeigen Sie Reife, erkennen Sie die gültigen Regeln der Berufswelt an.

Neben meiner eigenen beruflichen Erfahrung in Handwerks- und Handelsfirmen wurde ich bei diesem Buch unterstützt von
– Ausbildern erfolgreicher Lehrfirmen
– Azubis und Praktikanten die sehr erfolgreich waren,
aber auch von
– Azubis und Praktikanten, die scheiterten.

Sicher werden Sie sich ebenso wie ich über so manches in diesem Buch aufgeführte Fehlverhalten wundern oder bezweifeln, dass es derart krasses Verhalten gibt.
Alle Punkte wurden von Ausbildern oder von mir selbst beobachtet bzw. von gescheiterten Azubis und Praktikanten im Nachhinein als falsch erkannt und mir zwecks Auflistung in diesem Buch berichtet.
Alle der aufgeführten Beispiele, ob positiv oder negativ, habe ich selbst erlebt.

Entschuldigen Sie bitte, dass ich in diesem Buch die männliche Anrede benutze. Dies ist der Einfachheit halber geschehen und nicht zur Diskriminierung meiner weiblichen Leser.

Ich wünsche Ihnen beim Lesen des Buches viel Spaß und weiß, dass Sie bei der Anwendung seiner Inhalte Erfolg haben werden.

Ihr

K. H. Lüth

Karl Hermann Künneth
München, im Februar 2017

Die nachstehend wahre Geschichte verdeutlicht Ihnen das:

Im Rahmen meiner Seminartätigkeit war ich bei einer Firma anlässlich einer größeren Verkaufstagung tätig. Es waren Außendienstmitarbeiter aus ganz Deutschland versammelt. Einige waren neu in der Firma und kannten noch nicht alle Kollegen.

In der Pause stand ich am Pissoir. Im Hintergrund unterhielten sich zwei Tagungsteilnehmer über die Wand der Toilette hinweg über die Tagung. Da kam der Verkaufschef in die Toilette, wir grüßten uns durch Kopfnicken. Auf einmal wurde das Gespräch im Hintergrund spannend. Die beiden Mitarbeiter äußerten sich über den vorherigen Vortrag Ihres Verkaufschefs. Sie fanden ihn nicht gut und stellten fest, dass einige Zahlen zurecht gedreht waren. „Glaube keiner Statistik, die du nicht selbst gefälscht hast." Das war ein Kommentar. Der Verkaufschef tat so, als ob er das Gespräch nicht wahrnehmen würde. Er verabschiedete sich wieder mit einem kurzen Nicken und schüttelte beim Verlassen der Toilette den Kopf.

Lernen Sie daraus: An Orten, an denen Sie damit rechnen können, dass Sie unsichtbare Zuhörer haben, sollten Sie nicht über derartige Sachen sprechen.

Höflichkeit: Was ist wichtig?

Umfragen zur Höflichkeit haben Hochkonjunktur.
So wurde im Auftrag der Zeitschrift *Laura* erfragt:
Höflichkeit – was ist wichtig?

Hier das Ergebnis:

In der Öffentlichkeit nicht schmatzen, rülpsen, in der Nase bohren	**92 %**
Nachfolgenden die Türe aufhalten	**88 %**
Nicht beim Essen rauchen	**86 %**
Die Hand vor den Mund halten beim Gähnen, Husten, Niesen	**85 %**
Älteren Menschen Platz (im Bus etc.) anbieten	**84 %**
Fremde Menschen siezen	**82 %**
Handy im Restaurant, Kino, Theater ausschalten	**77 %**
Kinderwagen, Koffer oder andere schwere Sachen tragen helfen	**76 %**
Pünktlichkeit	**75 %**
Messer und Gabel benutzen, nicht mit den Händen essen	**72 %**

Wieder trifft der Spruch zu:
„Für den ersten Eindruck gibt es nur eine Chance.
Es gibt keine Möglichkeit, einen ersten Eindruck zu verändern. "

Deshalb beachten Sie folgende Verhaltensregeln:

Stellen Sie sich folgende Situation vor:
In einem Betrieb tritt ein neuer Azubi seine Tätigkeit an. Leider hinterlässt er einen schlechten Eindruck.
Man arbeitet mit ihm zusammen – und siehe da, er arbeitet zuverlässig und gut.

Die Kollegen denken, da haben wir uns getäuscht. Es läuft ja gut.
Dann macht der Azubi einen Fehler.
Was meinen Sie, dass jetzt die Kollegen denken?
Hatten wir doch Recht, da sieht man es wieder, der erste Eindruck war doch richtig.

Jetzt stellen Sie sich die umgekehrte Situation vor.
Erster Eindruck gut.
Zusammenarbeit ebenfalls gut.
Azubi macht Fehler.

Was meinen Sie, was die Kollegen überwiegend sagen:
Das kann jedem 'mal passieren.
Kompliziert wird es immer dann, wenn Probleme auftreten.
Dann fallen Menschen in ihre alten Denkmuster zurück.

Ihr Ziel bei der Umsetzung des Buchinhaltes sollte sein:

➜   Anfängerfehler vermeiden

➜   Sympathie bei Kollegen schaffen

➜   Sich selbst einen guten Ruf schaffen

➜   Einen eigenen Stil finden

Wie wichtig sind uns gute Umgangsformen?
Nachstehend die 4 wichtigsten Punkte für uns

Pünktlichkeit	96,9 %
Tischmanieren	93,1 %
Passende, situationsgerechte Kleidung	81,7 %
Die richtige Anrede	78,3 %

1   Grundsätzliches

Ihr größtes Ärgernis während der ersten Zeit an Ihrem neuen Arbeitsplatz:
Eine der unangenehmsten Erfahrungen ist der Eindruck, dass Azubis und Praktikanten in ihrer Anfangszeit unbeliebte Arbeiten erledigen müssen.
Dieser Eindruck ist meist richtig.

Dass Ihnen in der ersten Zeit unbeliebte oder liegen gebliebene Tätigkeiten (z.B. Ablegen von Korrespondenz, Kopieren von Unterlagen, Geschirrspüler ein- und ausräumen, Werkstatt aufräumen, Putzarbeiten, Kaffee kochen oder andere unangenehme Tätigkeiten) übertragen werden, hat verständliche Gründe:
Für anspruchsvollere Tätigkeiten haben Sie als Azubi oder Praktikant noch keine Erfahrung. Die bildet sich erst im Laufe der Zeit. Es wäre außerdem betriebswirtschaftlich unklug, höher qualifizierte oder bezahlte Mitarbeiter für einfachere Tätigkeiten heranzuziehen, während Sie wegen mangelnder Erfahrung schwierige und verantwortungsvolle Arbeiten nicht oder fehlerhaft erledigen bzw. untätig herumsitzen.

Sicher werden Sie nach kurzer Zeit in den regulären Arbeitstag integriert und erhalten anspruchsvollere Tätigkeiten übertragen. Außerdem kommen neue Praktikanten oder Aushilfskräfte nach, denen dann ein Teil der ungeliebten Arbeiten übertragen wird.

Wer sich durchbeißt, wird als Mitarbeiter geschätzt.
Er zeigt, dass er auch bei unangenehmen Tätigkeiten mit den betrieblichen Interessen mitzieht und sich nicht querlegt.
Solche Mitarbeiter werden benötigt; sie sind bei allen Chefs beliebt.
Akzeptieren Sie diese unbequeme aber übliche Situation bereitwillig.
Mosern und meckern Sie nicht.
Ziehen Sie kein unfreundliches Gesicht.
Verhalten Sie sich positiv. Halten Sie durch.
Dann gehören Sie zu den geschätzten Mitarbeitern.

Wer stur ist und sich beschwert, wird über kurz oder lang seinen Arbeitsplatz gefährden.

Einen Ruf als Störenfried oder Querkopf erhält er außerdem, und dieser wird sich im weiteren Berufsleben nachteilig auswirken.

Ablage und kopieren von Schriftstücken ist eine der unbeliebten Tätigkeiten bei Azubis, sie lässt sich jedoch meist nicht vermeiden.

Markieren Sie nicht den Besserwisser.

Wenn Sie eine neue Stelle antreten, halten Sie sich mit Verbesserungsvorschlägen zurück. Sonst erhalten Sie schnell den Ruf eines Besserwissers, und dieser schadet mehr als er nutzt. In jeder Firma, jeder Organisation gibt es Abläufe, die sich über Jahre entwickelt haben. Bringen Sie diese Routinen nicht durcheinander, auch wenn Ihnen manches wenig sinnvoll und effizient erscheint.

Zu Beginn ist Zurückhaltung Pflicht.

Altgediente Mitarbeiter reagieren meist sehr allergisch oder unangenehm auf Verbesserungsvorschläge und Kritik an ihnen lieb gewordenen Arbeitsabläufen und betrieblichen Ritualen, insbesondere wenn diese von Lehrlingen oder Praktikanten kommt.
Besserwisser machen sich grundsätzlich wenig Freunde.
Verzichten Sie daher anfangs auf Kritik und Verbesserungsvorschlägen an Ihrem neuen Arbeitsplatz.
Bringen Sie Verbesserungsvorschläge mittels Fragen an.

Tipp:

Die Fragen

„Wie wird das hier gehandhabt?"

„Weshalb/Warum macht man das so?"

sollten in der ersten Zeit Ihrer Tätigkeit, wenn Ihnen etwas Verbesserungs-
fähiges auffällt, zu Ihren Standardfragen gehören. Allerdings macht auch
dabei der Ton die Musik.

Wird es Ihnen dann erklärt, kann die Frage

„Könnte man das nicht auch so machen?"

folgen, wenn Ihnen ein Verbesserungsvorschlag einfällt.

Egal wie die Antwort ausfällt, diskutieren Sie nicht. Meckern schafft auch
keine Sympathie.

Der Umgang mit anderen Firmenangehörigen

Beachten Sie *jeden* Firmenmitarbeiter, gleichgültig ob Putzfrau, Arbeiter,
Sachbearbeiter, Telefonistin oder Vorgesetzter.

Alle tragen zum Firmenerfolg, zum Erhalt der Firma und der Arbeitsplätze
bei.

Seien Sie nicht nur zu Vorgesetzten höflich, sondern zu allen Mitarbeitern.

Sprechen Sie alle Mitarbeiter, auch Putzfrauen und Pförtner, mit dem
Namen an. Damit schaffen Sie sich einen guten Ruf als freundlicher und
höflicher Mitarbeiter. Dieser Ruf hat noch nie geschadet, besonders dann
nicht, wenn Sie zusätzlich als interessierter und fleißiger Mitarbeiter gelten.

Tipp:

Beeindrucken Sie Ihre künftigen Chefs und Kollegen durch gute Kenntnisse
über die Firma.

Dies zeigt, dass Sie sich für Ihren neuen Arbeitsplatz interessieren.

Jeder Chef schätzt solche Mitarbeiter.

Deshalb

– Holen Sie *vor* Beginn Ihrer Tätigkeit *alle* Informationen ein, die Sie über
  Ihren zukünftigen Arbeitgeber erhalten können.
– Erkundigen Sie sich bei Angehörigen und Bekannten, die in der Firma
  arbeiten.

- Lassen Sie sich Informationen über Ihren künftigen Arbeitgeber zusenden (Firmenzeitschriften, Mitarbeiterinformationen, Geschäftsbericht).
- Merken Sie sich frühzeitig die Namen der für Sie wichtigen Vorgesetzten. Es beeindruckt diese sehr, wenn man sie sofort mit Namen und Titel anspricht.

Bedenken Sie, die Einholung dieser Informationen ist eine der ersten Tätigkeiten, die Sie für Ihren möglichen neuen Arbeitgeber erledigen.

Story
Einer meiner Seminarteilnehmer berichtete mir, dass er bei einem Einstellungsgespräch als Einziger der Bewerber seinen späteren Chef und auch den Personalleiter mit Namen angesprochen hat.
Er registrierte völlige Überraschung und wurde von beiden öfters angesprochen und befragt. Letztlich hat er die Stelle erhalten.
Gut vorbereitet hatte er sich durch einen Blick ins Internet.

- Prägen Sie sich auf jeden Fall die wichtigen Webseiteninhalte der Firma ein.

Nutzen Sie alle weiteren Informationsmöglichkeiten
wie :
- die Möglichkeit zu Firmenbesichtigungen
- „Tag der offenen Tür"
- Infostände auf größeren und kleineren Messen und Ausstellungen

Achten Sie immer darauf, dass Sie bei allen Kontakten vor Aufnahme Ihrer Tätigkeit mit Mitarbeitern Ihrer künftigen Firma einen guten Eindruck hinterlassen.

Dazu gehört mindestens:
- angemessene, situationsgerechte Kleidung
- angemessene Frisur
  saubere Fingernägel
- vernünftige Ausdrucksweise
- vernünftiger Sprachschatz
- seien Sie nicht vorlaut
- seien Sie kein Besserwisser.

Tragen Sie angemessene Kleidung.

Im beruflichen Bereich zeigen Sie in erster Linie mit Ihrer Kleidung Ihren Respekt vor Ihren Gesprächspartnern – egal, ob Firmenmitarbeiter oder Besucher. Erst in zweiter Linie ist wichtig, ob Ihnen selbst dieser Kleidungsstil zusagt. Dies gilt besonders dann, wenn in Ihrer Firma eine Kleidervorschrift besteht. Wenn Ihnen die vorhandene Kleiderordnung nicht zusagt, sollten Sie überlegen, ob diese Firma für Sie der richtige Arbeitgeber ist.

Story
Bei meinem Besuch in einer sehr angesehenen Anwaltskanzlei saß an der Anmeldung eine attraktive junge Frau. Allerdings sehr nabelfrei. Als der Chef das sah, begrüßte er die junge Frau mit den Worten: „Guten Tag Frau Y, übrigens, wenn ich Kalbsbauch wünsche, dann bestelle ich ihn am Vortag."
Das war schon sehr hart. Aber er hatte die junge Frau schon zweimal, ohne Erfolg, auf ihre nicht passende Kleidung angesprochen.

Ich finde, man muss nicht warten, bis ein Vorgesetzter die Geduld verliert.

Was ist eine für die Firma „angemessene Kleidung"?

Eine scheinbar schwierige Frage, aber leicht zu beantworten. Beobachten Sie bereits bei Ihrem Bewerbungsgespräch und bei späteren Kontakten, wie sich andere Firmenmitarbeiter kleiden.
Merken Sie sich *nicht* die extremen Fälle, auch wenn sie Ihnen möglicherweise gefallen.
Sie sind im Berufsleben und nicht in der Freizeit oder Disco.

Berufskleidung soll adrett und zweckmäßig sein, natürlich auch schick, aber im Rahmen des Praktischen und Seriösen.
Mit Ihrer Kleidung repräsentieren Sie gegenüber allen Besuchern Ihre Firma. Dabei hat ein sehr guter, seriöser Eindruck nie geschadet.
Sollten Sie die Beobachtung der Kleidersitten beim Besuch in der Firma, evtl. zum Bewerbungsgespräch, vergessen haben, fahren Sie einige Tage vor Ihrem Arbeitsantritt abends oder morgens zur Firma und beobachten Sie die Mitarbeiter beim Verlassen des Betriebs. Wie sind diese gekleidet? Im

Winter allerdings lassen sich derartige Beobachtungen schwerer durchführen. Deshalb Augen auf bei Ihrem Besuch in der Firma.

Dabei ist nicht die Preislage der Kleidung wichtig, sondern der zu Ihrem Typ passende Stil. Dieser sollte natürlich den Anforderungen Ihrer Firma entsprechen.

Die Beobachtung lohnt sich, denn sie hat unmittelbar Einfluss auf Ihre Wirkung am ersten Tag und somit auf den ersten Eindruck Ihrer künftigen Kollegen.

Kleiden Sie sich immer ein Quäntchen besser und *nie* schlechter, als von Ihnen erwartet wird.

Hier ist die Frage angebracht: Geht er zur Arbeit oder zieht er in den Krieg?

Tipp:
Wählen Sie als Vorbilder immer solche Kollegen, die bei den Chefs angesehen und beliebt sind.

Natürlich erwarten Besucher oder Kunden von Ihren Gesprächspartnern eine angemessene Kleidung. Darüber gibt es eine Befragung, die ich nachstehend aufführe:

Ihre Kleidung ist Ausdruck Ihrer Persönlichkeit.
Sie zeigen damit Ihre Einstellung anderen gegenüber.
Unangemessene Kleidung sendet Signale:
- Ich habe es nicht nötig, mich den allgemein gültigen Gepflogenheiten anzupassen.
- Ich will zeigen, dass ich anders bin als die übrigen in dieser Situation.

- Ich will provozieren.
- Ich lege keinen Wert auf Kleidung, weil mir das Thema zu neben-
  sächlich ist.
- Ich habe keine Ahnung von angemessener Kleidung.

Erwartungen der Besucher an das korrekte äußere Erscheinungsbild, d.h. Hosenanzug, Kostüm mit Bluse, dezentes Kleid für Frauen bzw. Anzug oder dezente Kombination mit langärmeligen Hemd und Krawatte für Männer,

Beim Rechtsanwalt	**76 %**
Bei der Rechtsanwältin	**72 %**
Beim Bankfachmann	**72 %**
Bei der Bankfachfrau	**65 %**
Beim Versicherungskaufmann	**63 %**
Bei der Versicherungskauffrau	**52 %**
Beim Steuerberater	**49 %**
Bei der Steuerberaterin	**47 %**

Der nachstehend abgebildete Krawattenknoten ist sehr zu empfehlen. Er eignet sich für dünne und dicke Krawattenstoffe.

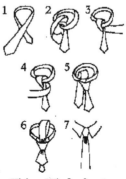

Kleiner Windsorknoten

15

Diese Fehler sollten Sie bei Ihrem Äußeren vermeiden:

- Spaghettiträger
- kein täglicher Wäschewechsel
- durchsichtige Kleidung
- zu enge Kleidung
- zu knappe Hosen
- Skaterhosen
- Hüfthosen
- zu kurze Röcke
- zu tiefer Ausschnitt
- nabelfreie Kleidung
- sichtbare Slips

- zu große Kleidung
- Turnschuhe
- Muskelshirt
- nackte Beine
- Digitaluhren
- zu große Uhren
- zu großer Ohrschmuck
- sichtbares Piercing
- lieblich-blumiges Parfüm
- unpassende Frisur

Turnschuhe und diese Form bei Damenschuhen sind in traditionellen Firmen nicht gerne gesehen.

Dunkle Sneakers sind seit kurzem für Azubi oder niedrige Hierarchien erlaubt.

Zu den Frisuren fand ich folgenden Artikel, den ich Ihnen nicht vorenthalten möchte:

Wie das Haar, so seine Trägerin oder sein Träger?

Nach einem Artikel in der Zeitschrift *Psychologie heute*

Die US-Psychologin Marianne LaFrance von der Yale-Universität legte männlichen und weiblichen Versuchspersonen Fotos eines Männer- und Frauenkopfs in vier verschiedenen Stylingversionen vor. Die Testpersonen hatten lediglich zwei Sekunden Zeit, sich einen ersten Eindruck zu bilden.

Die Ergebnisse:
Haarfarbe, Schnitt, Länge und Styling – so das Ergebnis einer US-Studie – lassen beim Betrachter auf Persönlichkeitsmerkmale schließen. Bei den Frauen zeigte sich, dass (anders als bei den Männern) weniger der Scheitel, sondern Haarfarbe und Länge die entscheidenden Kriterien sind:

Frauen mit langen, blonden, glatten Haaren
wurden von den Versuchspersonen als sexy, wohlerzogen und wohlhabend bewertet, aber auch als egozentrisch und engstirnig.

Frauen mit langen, blonden, gelockten Haaren
wurden von den Versuchspersonen als äußerst sexy, als Luxusweibchen und eher weniger intelligent bewertet.

Kurzhaarige Frauen im Strähnchenlook
punkteten zwar nicht mit Sexappeal, dafür aber mit hoher Intelligenz und Selbstbewusstsein.

Dem Frauentyp mit unkompliziertem, mittellangem, dunklem Haarschnitt
wurde Sorglosigkeit und Altruismus (selbstlos, uneigennützig) bescheinigt.

Am schlechtesten kamen die Frauen mit langer, dunkel gelockter Haarpracht weg:
Sie wirkten jeweils am wenigsten intelligent und selbstsicher.

– und die Träger?

Langhaarige Männer erschienen unangenehm, ungehobelt, dumm, arm, kontaktscheu, nachlässig und wenig sexy, aber auch wenig egozentrisch.

halblanges Haar und Seitenscheitel ließ bei Männern auf Wohlstand kombiniert mit Intelligenz schließen.

Träger von kurzem Haar mit Strähnchen wurde dasselbe und darüber hinaus noch Flippigkeit und Kreativität bescheinigt.

Als netter Durchschnittstyp ohne umwerfenden Sexappeal wurde der **Frisurentyp mit halblangem Haar und Mittelscheitel eingeordnet.**

Generell kamen blonde und braunhaarige Männer beim ersten Eindruck etwas besser weg als dunkel- oder rothaarige.

Eine private Frisur, weniger für den Beruf geeignet

Die beruflich professionellere und geeignetere Frisur.
Verbesserungsvorschlag:
Kleinere Ohrringe (Umfang etwa wie ein Ehering)

Eine ordentliche Frisur hat noch niemanden gestört.
Meiden Sie alle in Form und Farbe extremen Frisuren.

Tragen Sie keine zu große oder zu kleine Kleidung.
Damit sehen Sie lächerlich aus und sparen an der falschen Stelle.
Ganz schlimm wird es, wenn Sie in der Folge aus der Kleidung herauswachsen und die früher zu große Kleidung dann zu eng bzw. zu klein wird.

So wirken Sie beim ersten Eindruck:

mit Ihrem **Äußeren**	**zu 55 %**
mit Ihrer **Stimme**	**zu 38 %**
mit Ihren **Worten**	**zu 7 %**

Nutzen Sie diese Werte, legen Sie immer Wert auf gepflegte, passende Kleidung – wobei es selbstverständlich ist, dass Sie sich immer situationsgerecht kleiden.

In der Bank sind Jeans für den Publikumsverkehr sicher nicht zu empfehlen. Ebenso ist beruflich der Anzug bei einem Handwerker nicht angebracht.

Story
Anlässlich einer Firmenschulung unterhielt ich mich mit einer jungen Frau im dritten Lehrjahr. Sie stand kurz vor ihrer Abschlussprüfung und der möglichen Übernahme.
Dabei fragte ich sie, weshalb sie den in dieser Firma üblichen und auch sehr ansprechenden Firmensticker nicht trägt.
Ihre Antwort war, dass sie sich doch mit der Nadel ihr Revers am neuen Hosenanzug nicht zerstechen will.
Hinter ihr stand der Personalleiter. Offenbar hörte er diese Antwort und kam zu uns. Dann fragte er nochmals nach dem Grund weshalb sie den Sticker nicht trägt.
Die Antwort war die gleiche.
Darauf hin fragte er seine AZUBI wovon, bzw. von welchem Geld sie den Hosenanzug kaufe und wo sie es verdiene.
Nach der Mittagspause trug die junge Frau den Sticker am Revers.
Ich fragte mich, weshalb man denn unangenehm auffallen muss, wenn es anders auch geht.

Tragen Sie Firmensticker (Logos) sichtbar und an der dafür vorgesehenen Stelle.

In vielen Firmen gibt es Sticker mit Firmenlogo. Tragen Sie dieses Logo auf jeden Fall immer im Beruf, auch wenn Sie sich gerade nicht im Betrieb aufhalten. Es zeigt, dass Sie stolz sind, in dieser Firma zu arbeiten, und dass Sie gern dort tätig sind. Das sieht jeder Chef gern.

Kunden schätzen es sehr, wenn sich der Mitarbeiter deutlich erkennbar mit seiner Firma identifiziert.

Zusätzlich ermöglicht dies anderen Menschen, Sie auf einfache Art und Weise anzusprechen und mit Ihnen ins Gespräch zu kommen.

Erkundigen Sie sich nach der Firmenhierarchie.

Wenn Sie die personellen und organisatorischen Zusammenhänge in Ihrer Firma kennen, vermindern Sie das Risiko, in Fettnäpfchen zu treten.

Zeichnen Sie sich die Hierarchie selbst auf.

Alles, was Sie selbst aufzeichnen oder aufschreiben, merken Sie sich besser und länger.

Versehen Sie die für Sie wichtigen Rangfolgen mit Namen und Titeln.

Damit schulen Sie Ihr Gedächtnis für die internen Titel in Ihrer Firma und merken sich wichtige Namen, Titel und deren Träger leichter.

Lassen Sie sich die wichtigen Personen Ihrer Firma zeigen (persönlich oder auf einem aktuellen Foto), damit Sie diese jederzeit erkennen.

Sie hinterlassen immer einen sehr guten Eindruck, wenn Sie wichtige Vorgesetzte oder Führungskräfte erkennen und mit dem richtigen Namen und Titel ansprechen.

Gute Fotos finden Sie bei größeren Firmen z.B. in deren Geschäftsberichten und Firmenzeitschriften.

Alle Mitarbeiter sind ranghöher als der Azubi im ersten Lehrjahr.

Folglich ist der Azubi im zweiten Lehrjahr ranghöher als der im ersten Jahr. Dies wird allerdings nicht in allen Firmen so gesehen. Häufig gelten Azubis als ein Team; wenn sie älter und reifer sind, evtl. noch als Vorbild für jüngere Azubi, aber nicht als ranghöher.

Während Ihrer Firmenzugehörigkeit werden Sie mit einiger Sicherheit an Firmenfeiern teilnehmen.

Sie sind auch trotz Sparmaßnahmen eine beliebte Abwechslung. Immer wieder werden Ihnen Kollegen sagen, dort laufe alles locker und leger ab. Lassen Sie sich nicht täuschen.

Wirklich legere Zusammentreffen sind im Beruf äußerst selten. Auch bei diesen Veranstaltungen werden Sie beobachtet und beurteilt.

Bleiben Sie nüchtern. Bringen Sie den Vorgesetzten Respekt entgegen. Grölen Sie nicht herum. Fallen Sie nicht aus dem Rahmen.

Zu lockeres Benehmen hat nachweislich schon manche Karriere gebremst oder gestoppt oder, noch schlimmer, die Übernahme nach der Lehrzeit verhindert.

Tipp

Firmenfeste (z.B. Weihnachtsfeiern, andere Firmenfeiern oder der gemeinsame Besuch von Volksfesten) ebenso die Einladung beim Vorgesetzten mögen zwar den Eindruck einer privaten, legeren Veranstaltung vermitteln; benehmen Sie sich aber auch hier sehr höflich und zurückhaltend.

Manche Lehrzeit, oder gar Karriere, wurde durch ungebührliches Verhalten auf einer solchen Veranstaltung stark gebremst oder sogar beendet.

Im beruflichen Zusammenhang sind private Situationen sehr rar, auch wenn oft ein anderer Eindruck vermittelt wird.

Platz für Ihre Notizen:

1. Was sollten Sie in der ersten Zeit als Azubi oder Praktikant nicht tun?

     _____

     _____

2. Womit müssen Sie während der ersten Zeit an Ihrem neuen Arbeits-
     platz rechnen?

     _____

     _____

3. Nennen Sie einige typische Kleidungsfehler.

     _____

     _____

     _____

     _____

4. Wo können Sie Informationen über Ihren zukünftigen Arbeitgeber
     einholen?

     _____

     _____

     _____

5. Diese Fehler vermeiden Sie auf Firmenfeiern:

     _____

6. So verhalten Sie sich auf Firmenfeiern richtig:

     _____

7. Lassen Sie sich rechtzeitig die .... zeigen.

8. Erkundigen Sie sich nach deren .... und ....

9. Besorgen Sie sich, wenn vorhanden, einen ....
     und tragen Sie ihn so oft wie möglich.

Tatsächliche Gespräche zwischen Prüfer und Azubi 1

Prüfer:

Nennen Sie mir doch bitte sechs Länder, die an die Bundesrepublik Deutschland grenzen.

Azubi:

Holland, Niederlande, Schweden, Spanien, Portugal, England.

Prüfer:

Die moderne EDV erleichtert den Büroalltag. Nennen Sie Beispiele dafür.

Azubi:

Haben wir nicht mehr gehabt, wir haben schon Computer.

Prüfer:

Nennen Sie mir einige Länder der europäischen Gemeinschaft.

Azubi:

Kenn ich alle! Frankreich, Belgien und das dritte fällt mir jetzt nicht ein.

Prüfer:

Der längste Fluss Deutschlands ist welcher?

Azubi:

Der Nil.

Prüfer:

Wer war Napoleon?

Azubi:

Der mit der Guillotine.

2 Rangfolgen und Chefs

Die Rangfolgen regeln die berufliche Position einer Person innerhalb der Firma.

Unterschätzen Sie diesen Punkt nie. Wenn jemand Ihnen gegenüber auf seine höhere Position hinweist, ist das in der Regel mit einer für Sie unangenehmen Erfahrung verbunden

In jeder Firma gibt es ranghöhere und rangniedrigere Mitarbeiter. Diese Einteilung nennt man die **Firmenhierarchie. Häufig wird diese in einem so genannten** *Organigramm* **dargestellt.**

An der Spitze der Hierarchie steht die Chefin oder der Chef einer Firma. Unten in der Hierarchie finden Sie den Azubi im ersten Lehrjahr.

Für den Azubi bedeutet dies:
Alle anderen Betriebsangehörigen sind ihm gegenüber ranghöher.

Jede Firma hat ihre eigenen Hierarchiestufen. Am besten, Sie lassen sich die Ihrer Firma von Ihrem Vorgesetzten erklären und schreiben oder zeichnen sich diese Rangfolge selbst auf. Diese Aufzeichnung können Sie im Laufe der nächsten Zeit vervollständigen. Damit werden Sie die fachlichen und personellen Zusammenhänge Ihrer Firma schneller und besser verstehen, sich richtig verhalten und Fehler vermeiden.

Außerdem gibt es in vielen Firmen die bereits erwähnten **Organigramme;** sie verdeutlichen im Stammbaumsystem die Aufgabengebiete der Firma. Mit Namen und Titeln versehen, helfen sie Ihnen, sich in der Firma besser zurechtzufinden und Fettnäpfchen zu vermeiden.

Nicht alle Mitarbeiter Ihrer Firma sind für Sie als Lehrling *sofort* wichtig. Die für Sie wichtigen Mitarbeiter sollten Sie auf jeden Fall mit Namen, Titel und vom Aussehen her kennen.
Wenn Sie sich diesbezüglich nicht vor Ihrer Bewerbung kundig gemacht haben, ist es jetzt höchste Zeit.

Es hinterlässt immer einen schlechten Eindruck, wenn ein Azubi eine flapsige oder gar respektlose Bemerkung gegenüber einem oder im Beisein eines ihm unbekannten Vorgesetzten macht.

Im Beruf gibt es zuerst keine Geschlechter sondern Hierarchien.
Das weibliche Geschlecht kommt im Beruf, also bei den beruflichen Rangfolgen, erst zur Geltung, wenn Frau und Mann auf der selben Hierarchiestufe stehen.

In einer Firma können auch andere Werte wie
– **Betriebszugehörigkeit**
– **Dienstalter**
– **oder andere, firmeneigene Kriterien**
eine wichtige Rolle in der Hierarchie spielen.

Deshalb wird die klärende Frage an Vorgesetzte, wer ranghöher ist, in der Regel nicht negativ bewertet. Stellen Sie diese Frage nie direkt an die Betroffenen, sondern erkundigen Sie sich bei dritten Personen.
Natürlich spielt dabei auch die Art und Weise der Fragestellung eine Rolle.

Informieren Sie sich auch im Internet oder in Firmenprospekten über
– die Firmengeschichte
– die Inhaber
– die Firmenstruktur
– die Produkte der Firma
– ihre Leistungen
– die Niederlassungen
– deren Führungskräfte
und fragen Sie bei Unklarheiten nach.

Beeindrucken Sie Ihre Vorgesetzten durch gute Kenntnisse über die Firma.
Das zeigt außerdem Ihr Interesse am neuen Arbeitsplatz.
Beides wird sehr gern gesehen.

Tipp:

In der Freizeit ist jede Frau ranghöher als ein Mann. Praktisch bedeutet dies, dass die Auszubildende privat ranghöher ist als ihr Chef.

Bleiben Sie aber am Boden; es nutzt Ihnen nichts, wenn Sie auf dieser Regel bestehen und dann Schwierigkeiten in Ihrer Firma bekommen.

Platz für Ihre Notizen:

3   Rangfolgen im privaten Bereich

Der Vollständigkeit halber sollten Sie die Rangfolgen im privaten Bereich kennen.

Die Rangfolgen sind das sichtbare Zeichen für die gesellschaftliche Bedeutung einer Person.
Unterschätzen Sie diesen Punkt nie. Wenn jemand Ihnen gegenüber auf seine höhere Position hinweist, ist das in der Regel mit einer unangenehmen Erfahrung verbunden.

Berufliche und private Situationen hängen manchmal sehr eng zusammen. Sobald Feierabend ist, beginnt die Freizeit und damit Ihr Privatleben. Deshalb sollten Sie die wichtigen Grundregeln kennen.
Ob es jedoch sinnvoll ist, gegenüber Vorgesetzten auf der Einhaltung der privaten Rangfolgen zu bestehen, kann jeder nur für sich selbst beurteilen.

Beachten Sie aber immer:

Die privaten Rangfolgen sind im Beruf außer Kraft gesetzt.

Die privaten Rangfolgen sind bei allen *außerberuflichen* privaten Gelegenheiten wichtig und ernst zu nehmen.

Die korrekte und verbindliche *private* Rangfolge ist:

1.   Frauen sind gegenüber dem Mann *stets ranghöher*.
Häufig werde ich gefragt:
Ab welchem Alter ist man eine Frau? Das ist nicht immer eindeutig zu beantworten.
Auf jeden Fall dann, wenn die Betreffende wie eine Frau aussieht. Das kann durchaus bereits mit 14 Jahren sein. Andererseits gibt es auch junge Frauen, die mit 18 Jahren wesentlich jünger aussehen.
Hier gilt die alte Regel: Fingerspitzengefühl ist angebracht.

2. Ältere Personen sind stets ranghöher gegenüber jüngeren Personen.

Diese Regel gilt nur *gleichgeschlechtlich*, also von Mann zu Mann oder Frau zu Frau, nie von Mann zu Frau.

Deshalb ist ein wesentlich älterer Mann *nicht* ranghöher als eine jüngere Frau.

Diese Regel wird sehr häufig falsch interpretiert. Ältere Männer meinen gegenüber jüngeren Frauen, sie seien ranghöher.

Das stimmt nicht. Respekt sollte man ihnen entgegenbringen.

Ranghöher sind die Frauen.

3. Fremde sind stets ranghöher gegenüber Verwandten.

Seine Verwandten kennt man. Alle anderen Personen, auch gute Freunde, gelten als Fremde und sind deshalb ranghöher.

4. Ausländer rangieren vor Inländern.

Wer Ausländer ist, entscheidet der Ausweis oder Pass.

Wer einen deutschen Pass oder Ausweis besitzt, ist Deutscher und kein Ausländer.

Wer einen deutschen und einen türkischen Pass besitzt, zählt in Deutschland als Deutscher und nicht als Türke.

Platz für Ihre Notizen:

Selbsttest 2

1.   Nennen Sie die vier Rangfolgen im privaten Bereich.

_____

_____

_____

_____

2.   Was regeln die Rangfolgen bzw. was zeigen Sie an?

_____

_____

_____

3.   Im Beruf sind außer den Hierarchien manchmal noch wichtig

_____

_____

_____

4.   Obwohl außerhalb vom Beruf die privaten Rangfolgen gelten, ist es nicht immer …………………………………….., darauf zu bestehen.

5.   Welche Regel wird am häufigsten falsch interpretiert?

_____

_____

Tatsächliche Gespräche zwischen Prüfer und Azubi 2

Prüfer:

Der erste Mensch im Weltall, wie hieß der?

Azubi:

James Tiberius Kirk! Da staunen Sie, oder?

Prüfer:

Allerdings.

Azubi:

Dass ich sogar wusste, was das T in James T. Kirk bedeutet.

Prüfer:

Schon mal was von Juri Gagarin gehört?

Azubi:

Selbstverständlich!

Prüfer:

Ja und?

Azubi:

Der hat doch so Löffel verbogen, im Fernsehen.

Prüfer:

Aha, und Mr. Spock war der erste Mann auf dem Mond.

Azubi:

Nein, das war Louis Armstrong.

Der Weg zur Arbeit

Es ist so weit: Ihr erster Berufstag steht bevor. Ab sofort und in der gesamten Folgezeit sollten Sie die geschriebenen und ungeschriebenen beruflichen Regeln beachten.

In der Schule mag es Ihnen noch möglich gewesen sein, sich im Bedarfsfall in der Gemeinschaft Ihrer Mitschüler mehr oder weniger zu verstecken. Jetzt hingegen werden Sie ab der ersten Minute beobachtet. Ihre neuen Arbeitskollegen bilden sich aus diesen Beobachtungen eine Meinung über Sie. Ihr Chef schaut, ob aus Ihnen etwas wird, und er befragt dazu Ihre Vorgesetzten. Nach diesen Beobachtungen und den erhaltenen Auskünften werden Sie eingeschätzt, beurteilt und entsprechend behandelt.

Höflichkeit ist eine sehr erfolgreiche Möglichkeit, Sympathie zu gewinnen, In Verbindung mit Fleiß und Zuverlässigkeit werden Sie als Mitarbeiter sehr geschätzt.

Ich empfehle Ihnen, sich bereits auf dem Arbeitsweg höflich und hilfsbereit zu verhalten.

Einige der Firmenangehörigen wissen, an welchem Tag und zu welcher Zeit für Azubis der erste Arbeitstag beginnt.

Sie halten deshalb die Augen offen, um evtl. einen der neuen Azubis im öffentlichen Verkehrsmittel, Straßenverkehr oder auf dem Firmengelände zu entdecken.

Deshalb ist der folgende Abschnitt für Sie sehr wichtig.

Platz für Ihre Notizen:

Verhalten Sie sich auf dem Arbeitsweg jederzeit höflich und zuvorkommend.
Zeigen Sie kein rüpelhaftes Benehmen.

Ein freundlicher Gruß an den Sitznachbarn im öffentlichen Verkehrsmittel schafft Sympathien.

Ein freundliches, lächelndes, ausgeschlafenes und gewaschenes Gesicht wirkt immer sympathisch.
Lächeln steht in der Sympathieskala der Deutschen mit deutlichem Abstand an erster Stelle.

Die nachstehende *Statistik* sollten Sie zu Ihrem Vorteil nutzen:

Das finden die Deutschen sympathisch (Quelle unbekannt)	
Lächeln	71 %
gute Umgangsformen	70 %
angenehme Stimme	59 %
Blickkontakt	57 %
ungezwungene Körperhaltung	34 %
passendes, situatives Outfit	33 %
festen Händedruck	23 %
Distanzzonen einhalten	22 %

Bieten Sie Ihre Hilfe an, wenn andere sie benötigen (Kinderwagen oder schwere Taschen).
Freiwillige Hilfsbereitschaft schätzen die meisten Menschen.
Schaffen Sie sich den Ruf einer hilfsbereiten Person. Nutzen Sie dazu jede Gelegenheit.

Werden Sie nicht laut, verhalten Sie sich dezent.
Laute Menschen sind selten gern gesehen oder geschätzt.

Rauchen Sie nicht auf dem Weg zur oder von bzw. bei der Arbeit.
Raucher werden immer mehr zu Außenseitern. Rauchen gilt heute als Charakterschwäche. Der Ruf als „Zigarettenbürschchen", egal ob männlich oder weiblich, hat beruflich noch nie genutzt.
Rauchen Sie möglichst nicht auf dem Weg vom Parkplatz zum Firmeneingang. Sollten Sie es doch tun, dann werfen Sie auf keinen Fall die Kippe weg, sondern entsorgen sie in einen Abfallbehälter (Achtung: Brandgefahr).

Macht keinen guten Eindruck

„Bitte" und „Danke" sind Zauberworte.
Verwenden Sie diese Worte sehr häufig. Damit gewinnen Sie Freunde.

Haken Sie nicht ein
Aus der Schulzeit stammt die Angewohnheit der Mädchen, zu mehreren unterhakt miteinander zu laufen. Lassen Sie es ab Ihrer Azubi-Zeit. Es wirkt sehr kindlich und ist für den Beruf nicht angebracht

1. Wenn Sie ein öffentliches Verkehrsmittel benützen, sollten Sie Ihren Sitznachbarn ....

2. Wenn jemand eine schwere Tasche trägt, bieten Sie Ihre .... an.

3. .... ist der Sympathieträger Nr. 1 in Deutschland.

4. Werden Sie nicht .... Bleiben Sie ....

5. Rauchen gilt heute als ....

6. Rauchen Sie nicht auf dem Weg vom Parkplatz zum ....

7. Werfen Sie nie Ihre Kippen weg, sondern entsorgen Sie diese im ....

8. Das sind Zauberworte: .... und ....

9. Werden Sie nicht ....

Platz für Ihre Notizen:

Verhalten Sie sich jederzeit rücksichtsvoll im Straßenverkehr.
Sie wissen nie, wer in anderen Fahrzeugen sitzt. Es ist unklug, wenn Sie einen Ihrer Vorgesetzten auf dem Weg zur oder von der Arbeit bedrängen, schneiden, anhupen oder gar beschimpfen.

Stellen Sie Ihr Autoradio auf normale Lautstärke.
Andere Menschen könnten sich durch zu laute und/oder extreme Musik belästigt fühlen.

Parken Sie nicht auf reservierten oder von Mitgliedern der Firmenleitung bevorzugten Parkplätzen.
Es wird für Sie bestimmt nicht lustig, wenn Sie einem Ihrer Vorgesetzten den Park- bzw. Abstellplatz wegnehmen oder auf Anweisung Ihren PKW umparken müssen.

Tipp:
Parken Sie Ihr Fahrzeug besser deutlich entfernt von den Parkplätzen der Firmenleitung.

Parken Sie auf Firmenparkplätzen korrekt.
Sie hinterlassen keinen guten Eindruck, wenn Sie auf knappem Parkraum zu viel Platz beanspruchen.

Halten Sie Ihr Fahrzeug innen sauber und aufgeräumt.
Es schauen mehr Menschen in Ihr Fahrzeug, als Sie denken. Bei einem ungepflegten Autoinnenraum denken manche Menschen, dass der Fahrer auch seinen Arbeitsplatz ähnlich unordentlich hält.

Achten Sie darauf, dass Ihr Fahrzeug auch außen nicht zu stark verschmutzt ist.
Bei neuen Mitarbeitern holt man sich anhand von deren Fahrzeugen gerne erste Informationen über Ordnung- und Sauberkeit.

Werfen Sie keine Abfälle aus Ihrem PKW.
Sie wissen nie, wer Ihnen zusieht. Mit diesem Verhalten fallen Sie
bestimmt sehr negativ auf.

Überprüfen Sie die Aufkleber an und in Ihrem Fahrzeug.
Ein Aufkleber mit dem Text „Hängt die Bosse" oder ähnlichem Inhalt an
Ihrem PKW ist sicher nicht karrierefördernd.

Selbsttest 4

1.   Im Straßenverkehr verhalten Sie sich immer ....

2.   Ihr Radio sollte nie zu .... eingestellt sein.

3.   Bleiben Sie .... Parkplätzen fern.

4.   Der Innenraum Ihres Fahrzeuges sollte ....
     und .... aussehen.

5.   Prüfen Sie die .... an Ihrem Fahrzeug
     auf Inhalt und Aussage.

6.   Parken Sie .... der Parkmarkierungen.

Platz für Ihre Notizen:

Tatsächliche Gespräche zwischen Prüfer und Azubi 3

Prüfer:

Ein Kubikmeter besteht aus wie vielen Litern? Rechnen Sie doch mal, wie viele Liter passen in einen Kubikmeter!

Azubi:

(starrt den Prüfer mit offenem Mund an)

Prüfer:

Können Sie das?

Azubi:

(starrt den Prüfer weiter verständnislos an)

Prüfer:

Schauen Sie, einen Liter Wasser kann man ja auch in einen Würfel bestimmter Kantenlänge umrechnen, wie viele Würfel passen dann in ein Kubikmeter?

Azubi:

Ja aber Liter ist doch Wasser und Kubikmeter für Wohnungen.

Prüfer:

Wie bitte?

Azubi:

Ja, die Wohnung von meinen Eltern ist 85 Kubikmeter groß.

Prüfer:

Was Sie jetzt meinen ist ein Flächenmaß. Sie meinen Quadratmeter!

Azubi:

Ich dachte Quadratmeter ist nur wenn es viereckig ist und Kubikmeter wenn es etwas ungünstig geschnitten ist.

Werfen Sie keine Abfälle auf die Straße, den Weg oder den Parkplatz.
Sie wissen meist nicht, wer in dem Fahrzeug hinter Ihnen fährt, wer hinter Ihnen geht oder Sie, z.B. aus Fenstern, beobachtet.

Spucken Sie nie auf den Boden.
Auf dem Weg zum Firmeneingang noch einmal kräftig auszuspucken, ist ein sicherer Weg, um wirklich unangenehm aufzufallen.

Rauchen Sie nicht auf dem Arbeitsweg.
Gerade junge Menschen vermitteln heute keinen guten Eindruck von sich, wenn sie rauchen. Rauchen mag unter Gleichaltrigen cool wirken. Ältere Menschen sehen dies häufig anders und legen es negativ aus. Rauchen gilt heute als charakterschwach.

Treten Sie keine Zigarette auf dem Weg zum Arbeitsplatz, auf dem Arbeitsweg oder gar vor dem Firmeneingang aus.
Mit diesem Verhalten hinterlassen Sie mit Sicherheit einen verheerenden Eindruck, denn andere Mitarbeiter müssen Ihre Kippe bzw. den Abfall wegräumen.
Kaufen Sie sich nötigenfalls einen kleinen Taschenbehälter für Kippen, in dem Sie diese bis zur sauberen, gefahrlosen Entsorgung aufbewahren.

So nicht. Kippen gehören in Aschenbecher und nicht auf den Boden.

Laufen bzw. gehen Sie vernünftig.

Schlafen Sie nicht beim Gehen ein. Schlurfen Sie nicht. Gehen Sie nicht wie ein Kraftprotz oder angeberisch. Dies alles macht einen ausgesprochen schlechten Eindruck.

Gehen Sie aufrecht. Hände haben dabei in den Hosentaschen nichts zu suchen.

Wenn Sie sich schnäuzen oder wenn Sie husten, erledigen Sie es in ein Taschentuch und nicht in die Handfläche oder auf den Boden.

Niemand schüttelt gern eine Hand, in die soeben gehustet wurde, oder tritt gern in Ihren ausgeschnäuzten Naseninhalt.

Tipp:

Fahren Sie auf jeden Fall den Arbeitsweg (Wohnung – Firma) am Tag vor dem ersten Arbeitstag zur gleichen Tageszeit, zu der Ihre Arbeit beginnt, einmal ab. Dann können Sie Ihren Zeitbedarf für die Fahrtstrecke realistisch einschätzen.

Platz für Ihre Notizen:

Lächeln Sie.
Lächeln steht in der Sympathieskala der Deutschen an erster Stelle.
Ein „cooler" Gesichtsausdruck oder eine Leichenbittermiene hinterlassen keinen guten Eindruck.

Tipp:
Melden Sie sich immer mit Vor- und Zunamen an, insbesondere dann, wenn Sie einen häufig vorkommenden Familiennamen tragen.
Damit vermeiden Sie Verwechslungen.

Wenn Sie sich in einem Büro melden müssen.
Klopfen Sie laut und deutlich an.
Hämmern Sie aber nicht an die Türe.
Warten Sie auf die Aufforderung einzutreten.
Verhalten Sie sich danach wie beim vorherigen Punkt.

Seien Sie pünktlich.
Mit Pünktlichkeit zeigen Sie gegenüber Ihrem Gesprächspartner Ihre Wertschätzung.
Unpünktlichkeit signalisiert: „Sie sind für mich nicht so wichtig, deshalb kann ich Sie auch warten lassen."
Pünktlichkeit bedeutet, nie zu früh und auf keinen Fall zu spät zur Arbeit zu kommen. Fünf Minuten vor dem vereinbarten Termin am Treffpunkt zu erscheinen, ist für einen Azubi in Ordnung. Dann können Sie Ihr Äußeres nochmals im Toilettenspiegel überprüfen und sich die Hände waschen.
Verspätetes Eintreffen ist unentschuldbar.
Bedenken Sie immer, dass auf dem Weg vom Parkplatz bis zum vereinbarten Treffpunkt leicht 15 bis 30 Minuten verstreichen können. Sollten Sie jedoch wirklich zu früh eintreffen, nutzen Sie die Zeit, um in der Toilette Ihr Äußeres zu prüfen und, wenn notwendig, zu korrigieren.

Lassen Sie anderen Menschen an Türen den Vortritt.
Wahrscheinlich sind gleichzeitig mit Ihnen zahlreiche Firmenmitarbeiter auf dem Weg an ihren Arbeitsplatz. **Drängeln Sie sich nicht vor.**

Halten Sie Türen zumindest für die nachfolgende oder entgegenkommende Person auf.
Seien Sie auf jeden Fall besonders aufmerksam, wenn jemand bepackt durch eine Türe gehen möchte und keine Hand frei hat.

Lassen Sie Türen anderen Menschen nicht vor der Nase zufallen.
In diesen Situationen sollten Sie immer die Türe aufhalten.

Türen aufhalten bringt immer Sympathie.

Flegeln Sie sich nicht auf Empfangstresen oder beugen sich darüber. Stehen Sie vernünftig.
Damit drücken Sie aus, dass Sie deren Distanzzonen respektieren und Diskretion wahren.

Egal ob junge Frau oder junger Mann, so flegelt man sich nicht über einen Anmeldungstresen.

Immer, wenn vor Ihnen andere Personen anstehen, warten Sie, bis Sie an der Reihe sind.

Vordrängeln ist rücksichtslos und schafft nur Ärger und keine Sympathie.

Grüßen Sie freundlich.

Zeigen Sie mit diesem Verhalten Respekt und Höflichkeit. In regionalen Firmen ist ein regionaler Gruß, z.B.: „Moin-Moin" bzw. „Grüß Gott" angebracht.

In überregionalen Firmen grüßt man mit „Guten Tag" und spricht weitgehend die Hochsprache.

Meiden Sie den Gruß „Guten Morgen". Wenn Sie einmal unkonzentriert sind, werden Sie ihn auch dann verwenden, wenn der Morgen schon lange vorbei ist. Dann kann Ihnen passieren, dass ein Kunde oder Vorgesetzter antwortet: „Schön, dass Sie endlich ausgeschlafen haben".

Dialekt oder Hochdeutsch.

In Firmen, die fast nur regionale Besucher oder Gesprächskontakte haben, kann es durchaus sinnvoll und richtig sein, wenn man einen verständlichen Dialekt spricht.

In Firmen mit überregionalen Kontakten, ist es angebracht, sich des Hochdeutschen zu bedienen.

Es dürfte schwierig werden, in einer größeren, globalen Firma Karriere zu machen, ohne weitgehend sauber Deutsch zu sprechen.

Außerdem erlernen sich, wie mir immer wieder bestätigt wird, Fremdsprachen leichter mit einem sauberen und deutlichen Deutsch.

Sprechen Sie laut und deutlich.

Schreien oder nuscheln Sie nicht, wenn Sie mit anderen Menschen sprechen. Sprechen Sie auch nicht zu leise. Gewöhnen Sie sich eine verständliche Lautstärke an.

Achten Sie darauf, dass besonders ältere Menschen beim Gespräch Ihre Lippen sehen.

Ab einem Alter von ca. 40 Jahren lässt das Gehör unmerklich nach. Unser Körper versucht dies auszugleichen, indem er lernt, von den Lippen abzulesen. Das bedeutet: Je älter Menschen werden, umso mehr lesen sie von den

Lippen ab. Deshalb achten Sie darauf, dass Ihre Lippen bei Gesprächen immer zu sehen sind.

Menschen können in einem Gespräch zwölf bis vierzehn Buchstaben anhand der Lippenstellung erkennen.

Deshalb sagen auch manche ältere Menschen, „Wenn ich meine Brille nicht aufgesetzt habe, dann verstehe ich schlechter."

Sprechen Sie in ganzen Sätzen.

Immer wieder stelle ich in meinen Seminaren fest, dass Teilnehmer auf Fragen mit Kopfschütteln oder Nicken antworten. Offensichtlich geht die Gesprächsfähigkeit verloren. Gewöhnen Sie es sich an in vollständigen Sätzen und mit Namensansprache zu antworten. Sie werden schnell feststellen, dass gesprächsfähige Mitarbeiter von Kunden, Besuchern und Vorgesetzten geschätzt sind und Vorteile haben.

Ein freundliches Gesicht ist selbstverständlich.

Es schafft Sympathie, und die brauchen Sie ab dem ersten Arbeitstag. Lächelnde Menschen haben immer bessere Chancen.

Ein lächelndes Gesicht schafft Sympathie punkte.

Verbesserungsvorschläge für den Beruf:
Bei der Arbeit Mütze ab.
Kleinere Ohrringe tragen.

Bringen Sie Ihren Einladungsbrief mit und legen Sie ihn gleich am Empfang oder der Anmeldung vor.

In den meisten Firmen werden Ihnen Ihre Einstellung, der erste Arbeitstag schriftlich bestätigt und Ihr Ansprechpartner aufgeführt.

Bringen Sie dieses Schreiben mit, dann kann man Sie sofort zur richtigen Person weiterleiten.

Sagen Sie andernfalls deutlich, wer Sie sind, weshalb Sie da sind und zu wem Sie möchten.

Auch in diesem Fall gibt es keine Irrtümer und man wird Sie zur richtigen Person schicken.

Sagen Sie „Bitte", wenn Sie etwas von anderen Menschen wünschen und „Danke" wenn Ihnen geholfen wird.

Das könnte z.B. so ausfallen:

„Guten Tag, mein Name ist Walter Mustermann. Ich habe um 8.30 Uhr einen Termin bei Herrn oder Frau Meister, denn heute ist mein erster Arbeitstag. Können Sie mir bitte sagen, wo ich mich melden muss?"

Jetzt weiß Ihr Gegenüber, was er tun kann, und wird Ihnen weiterhelfen. Bedanken Sie sich und erledigen Sie, was Ihnen aufgetragen wurde.

Tipp:

Wenn möglich, besuchen Sie vor dem Treffen mit Ihrem Gesprächspartner die Toilette.

Dort prüfen und korrigieren Sie im Bedarfsfall Ihr Äußeres:

- Frisur
- Sitz der Kleidung
- Sauberkeit der Hände
  Sauberkeit der Fingernägel
- Sauberkeit der Schuhe
- Sitz der Krawatte.

Das Wort „Danke" ist immer dann angebracht, wenn man Ihnen behilflich war. „Bitte" und „Danke" sind das ideale Zwillingspaar. Beide Worte gehören zusammen. Sie schaffen Sympathie. Jeder Mitarbeiter, der die Hilfe anderer Menschen benötigt, sollte diese Worte gebrauchen.

Tipp:

„Bitte, Frau Y" oder „Herr Z."

„Danke, Frau Y" oder „Herr Z."

Sagen Sie auch den Namen dazu.

Es ist ein echter Sympathieverstärker, wenn Sie den Betreffenden mit seinem Namen ansprechen.

Lassen Sie anderen Personen auch beim Betreten und Verlassen eines Aufzugs den Vortritt.
Das zeigt Respekt vor anderen und schafft Sympathie.

Regel:
Lassen Sie der ranghöheren Person beim Betreten und Verlassen von Aufzügen, wenn möglich, den Vortritt.

Das Wort „Entschuldigung" ist häufig angebracht.
Entschuldigen Sie sich lieber einmal zu oft als zu wenig. Das Gefühl für die situationsgerechte Anwendung werden Sie schnell bekommen.

Selbsttest 5

1. Werfen Sie .... nur in die dafür vorgesehenen Behälter.

2. .... ist unappetitlich.

3. .... Sie vernünftig.

4. Ihre .... stecken nie in den Taschen.

5. .... und .... erledigt man in ein Taschentuch und nicht in die Handfläche.

6. Seien Sie auf jeden Fall .... Damit zeigen Sie Ihrem Gesprächspartner Ihre ....

7. Sprechen Sie .... und ....

8. Anderen Menschen lassen Sie den ....

9. Für nachfolgende Personen halten Sie die Tür ....

10. Beim Betreten und Verlassen eines Aufzugs lassen Sie anderen Personen den ....

Die Regel lautet:
Der Rangniedrigere grüßt den Ranghöheren zuerst.

Als Azubi sind Sie rangniedrig, deshalb sollten Sie immer zuerst grüßen.
Im beruflichen Alltag ist man manchmal in seine Gedanken versunken.
Deshalb ist es sinnvoll, wenn derjenige zuerst grüßt, der die andere Person
als Erster sieht.
Einen guten Eindruck hinterlassen Sie nicht, wenn Sie öfters so sehr in
Gedanken versunken sind, dass Sie Vorgesetzte nicht zuerst sehen.
Hellwache Azubi sind gefragt.

Das ist beim Grüßen zu beachten:

Bemühen Sie sich immer, als Erster zu grüßen.
Es ist nicht vorteilhaft, wenn Vorgesetzte den Azubi zuerst grüßen, weil
dieser unaufmerksam ist.

Lassen Sie alle flapsigen Bemerkungen.
In einer internationalen Firma wurde ein ranghoher Mitarbeiter, als er mit
einem Kunden den Aufzug betrat, von einem dort stehenden weiblichen
Azubi mit den Worten „Na, Du bist aber auch schön dick" begrüßt.

Grüßen Sie alle Besucher der Firma.
Es ist ein Zeichen guter Firmenkultur und der Höflichkeit, alle Firmenbesu-
cher zu grüßen.

Blicken Sie dabei die zu grüßende Person immer an.
Ein Gruß ohne Blickkontakt wirkt negativ. Vermeiden Sie diesen Anfängerfehler.

**Grüßen Sie vernünftig. „Hey", „Hallo" oder „Na du" oder ähnliches
sind keine vernünftigen Begrüßungen gegenüber Vorgesetzten.**

„Moin, Moin" oder „Grüß Gott" kann in der entsprechenden Region sehr gut ankommen. In überregional tätigen Firmen sollten Sie einen solchen Gruß vermeiden. Dort ist „Guten Tag" angebrachter.

Auch „Guten Morgen" gilt als Gruß zweiter Wahl.
Wenn Ihnen einmal jemand antwortet: „Schön, dass Sie auch schon ausgeschlafen haben, ich arbeite schon einige Zeit", sollten Sie prüfen, ob ein neutraler Gruß wie z.b. „Guten Tag" nicht angebrachter ist.

Grüßen Sie Ihnen bekannte Personen mit Namen und/oder Titel.
„Guten Tag, Herr/Frau Doktor Mustermann." Damit sammeln Sie Sympathiepunkte.
„Guten Tag, Meister" ist in entsprechenden Betrieben ebenfalls eine akzeptierte Begrüßung.

Wer einen Raum betritt, grüßt zuerst.
Jeder, der einen Raum betritt, grüßt als Erster. Ein allgemeiner Gruß wie z.B. „Guten Tag" genügt.
Sitzt in diesem Raum nur eine Person, wird ihr Name und Titel selbstverständlich in den Gruß einbezogen.

„Mahlzeit" ist als Gruß nicht angebracht.
„Guten Appetit", „Bis später", „Schmeckt es?", „Einen schönen Tag noch" sind gute Alternativen.
Ganz schlimm wird es, wenn „Mahlzeit" als Gruß beim Betreten der Toilette gesagt wird.

Platz für Ihre Notizen:

Selbsttest 6

1. Wer grüßt zuerst, der Rangniedrigere oder der Ranghöhere?
   Der .... grüßt zuerst.

2. Es ist Zeichen einer guten Firmenkultur, wenn alle Besucher
   ………….......................... werden.

3. Dabei .... Sie den Besucher an.

4. Beim Gruß wird der .... und .... ausgesprochen.

5. Schlechte Grußformulierungen sind ....

6. „............................." sagen Sie als Gruß auf keinen Fall in der Toilette.

7. Wer einen Raum betritt, grüßt als Erster.   (richtig/falsch)

8. Alle Besucher werden gegrüßt.   (richtig/falsch)

9. Zum Grüßen gehört der .... kontakt.

Tatsächliche Gespräche zwischen Prüfer und Azubi 4

Prüfer:

Wer war denn Carl Benz?

Azubi:

(war laut Unterlagen auf dem Carl-Benz-Gymnasium):

Ein berühmter Erfinder!

Prüfer:

Und was hat er erfunden?

Azubi:

(mit stolzgeschwellter Brust): Das BENZin

Prüfer:

Wann fand die deutsche Wiedervereinigung statt?

Azubi:

Als die Ossis gehört haben, dass wir den Euro haben, sind sie alle rüber.

Prüfer:

Wann?

Azubi:

Als Hitler in Berlin den Krieg verloren hat.

Die Regel lautet:
Der Ranghöhere bietet die Hand an.

Händedruck bedeutet nicht Hände schütteln wie bei einem Pumpwerk. Er soll ruhig und angenehm sein.
Tatsache ist: Sie werden nach Ihrem Händedruck beurteilt. In einigen Fällen ist der Händedruck auch ein KO-Kriterium. Deshalb vermeiden Sie folgende Fehler:

– Zu lasch.
Dann denkt Ihr Gegenüber womöglich, Sie sind ein „Weichei".

– Zu fest,
um nicht als „Grobian" eingeschätzt zu werden.

– Zu feucht oder nass.
Eine feuchte oder nasse Hand ist beim Händedruck für alle Beteiligten unangenehm.
Es ist natürlich, dass bei einer persönlichen Anspannung oder Aufregung die Handfläche schwitzt.

Tipp 1
Umfassen Sie vor dem Händedruck mit Ihrer rechten Hand keine Gegenstände wie z.B. den Griff einer Aktentasche.
Wenn Sie wissen, dass Sie zum Schwitzen in den Handflächen neigen, halten Sie in dieser Hand ein kleines Taschentuch, evtl. ein Papiertaschentuch, welches den Handschweiß aufsaugt, und stecken Sie dieses Tuch kurz vor dem Händedruck in die Tasche.

Tipp 2
Versuchen Sie es mit dem Spray „Hidro-Fugal Antitranspirant", erhältlich in Apotheken und Drogerien. Einige Minuten vor dem anstehenden Händedruck in die Handflächen gesprüht und verrieben, verhindert es zumindest normalen Handschweiß.

Tipp 3
Üben Sie den Händedruck, bevor Sie zu Ihrem Bewerbungsgespräch oder
ersten Arbeitstag aufbrechen, im Bekannten- und Verwandtenkreis.
Bitten Sie dann um deren ehrliche Meinung dazu.

Weitere beachtenswerte Punkte:

- Beim Händedruck hält man Blickkontakt.

- Stecken Sie Ihre linke Hand nicht in die Tasche.

Beim Händedruck sieht man sich an und nimmt
die Hand aus der Tasche.

- Im Beruf stehen Männer und Frauen beim Händedruck immer auf.

- Ein Händedruck über einen Schreibtisch hinweg gilt, wenn man um den
  Schreibtisch herumgehen kann, als sehr unhöflich.

- Niesen und husten Sie nicht in die rechte Hand, sondern in Ihr Taschentuch oder die linke Hand.

- Gewöhnen Sie es sich an, Aktentaschen und andere Gegenstände in der
  linken Hand zu tragen. Hände schwitzen schnell, wenn Sie sich um
  einen Aktentaschengriff schließen und deshalb keine Luftzirkulation
  möglich ist.

– Bei einem geöffneten Sakko werden vor dem Händedruck die dafür vorgesehenen Knöpfe geschlossen. Dabei werden bei einem Zweiknopfsakko der obere und bei einem Sakko mit drei Knöpfen entweder der mittlere oder die beiden oberen Knöpfe geschlossen.
Der untere Knopf bleibt bei Business-Sakkos immer geöffnet.

– Bei Damenjacken lassen Sie sich bitte in Ihrem Geschäft beraten. Weisen Sie Ihre Kundenberaterin vorher auf den beruflichen Bedarf hin.
Generell werden Damensakkos oder -blazer behandelt wie Herrensakkos.

Zum korrekten Händedruck gehört der Blickkontakt.

Tipp:
Immer wieder kann man beobachten, dass Markenlabels an den Ärmeln von Sakkos getragen werden. Entfernen Sie diese Labels.
Sie sind für den Textilverkäufer und nicht für den Kunden bestimmt.
Damit kann der Verkäufer die richtigen Kleidungsstücke ohne große Suche vom Ständer nehmen.
Außerdem gehört zu guten Umgangsformen, dass man nicht angibt.

Selbsttest 7

So lautet die Regel:

Der .... reicht die Hand dem ....,............. .

1. Beim Händedruck hält man .... kontakt.

2. Beim beruflichen Händedruck müssen Sie immer aufstehen.

   (richtig/falsch)

3. Aktentaschen trägt man in der rechten Hand.

   (richtig/falsch)

4. Sakkos werden beim Händedruck geschlossen.

   (richtig/falsch)

5. Markenlabels belässt man am Sakkoärmel.

   (richtig/falsch)

6. Ein Händedruck über den Schreibtisch hinweg ist höflich.

   (richtig/falsch)

7. Bei einem Sakko werden alle Knöpfe geschlossen.

   (richtig/falsch)

8. Damenjacken, die zum Schließen vorgesehen sind, werden wie Männersakkos behandelt.

   (richtig/falsch)

Platz für Ihre Notizen:

Die Regel lautet:
Der Ranghöhere bietet das „Du" an.

Gerade am Beginn der Lehrzeit verhalten sich Azubis häufig völlig anders als notwendig oder gefordert und damit unvernünftig.

Zum Beispiel bieten sie jedem Vorgesetzten das „Du" an. Ob das sinnvoll ist, soll an dieser Stelle nicht geklärt werden.

Tatsache ist, dass es zu Anfang der Lehrzeit zigtausendfach vorkommt. Viele Vorgesetzte finden das in Ordnung und lassen sich darauf ein.

Noch schlimmer ist es, wenn sie ihrerseits den Azubis das Duzen erlauben und künftig mit dem Vornamen angeredet werden, sich dann aber häufig über nicht mehr vorhandenen Respekt beklagen.

Sie übersehen, dass sie dazu ein gerüttelt Maß selbst beigetragen haben.

Wie soll ein junger Azubi schon die *feinen* Unterschiede kennen, mit der selbst ältere Personen bisweilen Schwierigkeiten haben?

Kumpelhaftes Benehmen von Seiten der Vorgesetzten war für Respekt noch nie förderlich.

Viele Vorgesetzte bedenken nicht, dass eine Anzahl der Azubis oder Praktikanten später in andere Firmen wechseln.

Wenn im neuen Betrieb eine „Siez-Kultur" besteht, werden sie dort mit einem zu frühen Angebot zu duzen keine Begeisterung hervorrufen oder gar größere Probleme bekommen.

Beachten Sie Folgendes:
– Wer im Beruf weiter kommen will, wird spätestens nach der Lehrzeit feststellen, dass ein zu frühes und/oder zu häufiges „Du" in vielen Firmen karrierehemmend ist.

Es gibt Firmen, in denen eine „Duz-Kultur" herrscht, d.h. hier duzen sich alle Firmenmitarbeiter. Dies ist besonders in skandinavischen Firmen anzutreffen.
– Das ist selbstverständlich in Ordnung. Damit muss und kann man gut zurechtkommen.
Andererseits gibt es Firmen mit einer „Siez-Kultur".
– Auch dies funktioniert prima.

Dann gibt es Firmen, in denen nichts geregelt ist.
- Diese Situation finden Sie am häufigsten.
- Dort müssen Sie sich mit viel Fingerspitzengefühl zurechtfinden.

- Bei Frauen kann sich zu häufiges Duzen, insbesondere vielen Männern gegenüber, karriereschädlich auswirken.

In vielen Firmen spricht man sich mit Vornamen und Sie an.
- Das ist zwar nicht die beste oder sauberste Regelung, aber auch nicht unbedingt die schlechteste.

Sie werden im Laufe Ihres Berufslebens schnell herausfinden, in welcher Firmenkultur Sie sich wohlfühlen und Ihre besten Leistungen bringen.
Dort sollten Sie bleiben und sich weiterentwickeln.
Nur dort, wo man sich wohlfühlt, kann man seine volle Leistung bringen.

Eins ist sicher:
Egal ob Duz- oder Siez-Kultur, niemand arbeitet deshalb besser oder schlechter.
Die persönliche Arbeitsleistung hängt von völlig anderen Faktoren ab.

Aber:
Persönliche, schwierige Gespräche und Entscheidungen finden leichter und erfolgreicher beim Siezen statt.

Meine Empfehlung an Ausbilder:
Setzen Sie Ihre Azubi keinem Gruppenzwang aus, wenn Sie z.B. vorschlagen:
„Wir sollten uns alle duzen. Hat jemand was dagegen?"

Meiner Ansicht nach ist folgende Lösung besser:
„Wer meint, dass ich ihn duzen kann, der sollte mir das zu einem späteren Zeitpunkt unter vier Augen sagen. Sie werden mich vorläufig weiterhin siezen."

Damit entfällt der Gruppenzwang, und jeder Azubi trifft seine persönliche Entscheidung.

Außerdem erwarten die meisten Azubis auch nicht, dass sie ihre Vorgesetzten duzen dürfen.

Andernfalls könnten sie irrtümlich das Duzen als Zeichen der Gleichstellung oder Vertraulichkeit mit dem Vorgesetzten verwechseln. Damit verliert der Ausbilder unter Umständen die im Beruf notwendige Distanz gegenüber dem Azubi.

Ganz schlecht ist es, wenn man mit einigen Azubi per DU und mit anderen per SIE ist.

Folgende Reaktion des Vorgesetzten ist keine schlechte Übergangslösung, wenn ein Azubi vorschlägt, dass ihn der Vorgesetzte duzen möge:

„Danke, das nehme ich gern an."
Wir vereinbaren Folgendes:
Ich spreche Sie, bis Sie Ihre Ausbildung erfolgreich abgeschlossen haben, mit dem Vornamen und Sie an.
Ab bestandener Prüfung und der Übernahme sind Sie wieder Frau/Herr ... für mich."

Das ist sicher nicht die ideale Lösung, aber ein guter Kompromiss, denn aus so manchem Azubi ist später eine Führungskraft oder ein Mitbewerber geworden.
Bei dieser Regelung gibt es dann keine Peinlichkeiten.

Man kann auch zu Azubis höflich sein.

Selbsttest 8

So lautet die Regel:

Der Rang .... bietet das „Du" an.

Wenn mich jemand „duzt" dann darf ich ihn auch „duzen".
richtig / falsch

Wenn ich einen Bekannten privat „duze", dann darf ich ihn natürlich auch im Beruf „duzen".
richtig / falsch

Ich biete jedem Vorgesetzten das „Du" an, dann mögen Sie mich lieber.
richtig / falsch

Platz für Ihre Notizen:

Immer wieder wird es geschehen, dass Sie zu Ihrem Vorgesetzten gerufen werden oder er an Ihren Arbeitsplatz kommt.
Einige Benimmregeln sollten Sie dann zu Ihrem eigenen Nutzen beachten. Auch hier gilt die Regel:

„Wie Sie Ihrem Gesprächspartner gegenübertreten, zeigt, in welchem Ausmaß Sie ihn schätzen und respektieren."

Gehen Sie zu Vorgesetzen:
− in ordentlicher Kleidung
− mit gewaschenen Händen
− sauberem Gesicht
− ordentlicher Frisur
− sauberen Fingernägeln
− mit Schreibzeug
− Schreibblock
− und, wenn vorhanden, mit dem eigenen Terminkalender.

Damit sind Sie für alle normalen Gespräche vorbereitet und wirken professionell. Sie verlieren keine Zeit, weil Sie wegen fehlenden Schreibzeugs nichts notieren oder z.B. keine Auskunft über Ihre Termine geben können

Wenn Sie mit einem Vorgesetzten sprechen:

Sehen Sie ihn an. Blickkontakt wirkt offen und ehrlich.

Sprechen Sie ihn mit seinem Namen und Titel an. Auch damit sammeln Sie Sympathiepunkte. Verwenden Sie die Namensansprache nicht zu häufig, es kann unaufrichtig wirken. Sie müssen das richtige Mittelmaß finden.

Hören Sie gut zu, was er Ihnen sagt. Notieren Sie wichtige Punkte. Wiederholen Sie nach dem Gespräch die Ihnen übertragenen Aufgaben. Dann geht nichts verloren und Sie vermeiden doppelte Arbeit, Zeitverlust und Ärger. Fragen Sie bei Unklarheiten nach.

Tipp:
Wenn Sie bemerken, dass ein hoher Vorgesetzter direkt auf Sie zukommt und mit Ihnen sprechen will:
In vielen Firmen ist es üblich, dass der Mitarbeiter aufsteht.
Sie sollten durch Beobachtung herausfinden, ob dies in Ihrem Betrieb üblich ist.

Sitzen bei einem Gespräch mit einem Vorgesetzten hinterlässt keinen guten Eindruck.

Das wirkt schon besser.

Wenn Sie einen Vorgesetzen in seinem Büro besuchen

a)   Wenn die Tür geschlossen ist

Klopfen Sie bei geschlossenen Bürotüren deutlich hörbar an.

Warten Sie, bis Sie hereingerufen werden.

Erfolgt keine Antwort, klopfen Sie nochmals an, diesmal etwas stärker. Erhalten Sie wieder keine Antwort, gibt es zwei Möglichkeiten:

Entweder Sie öffnen dann vorsichtig die Tür.
Dies kann auch falsch sein. Erkundigen Sie sich vorher, wie es in Ihrem Betrieb üblich ist. Sehen Sie dann in das Büro.

Auf keinen Fall betreten Sie leere Büroräume ohne Genehmigung.

Ist niemand anwesend, schließen Sie die Tür und kommen später wieder, oder Sie warten vor dem Büro.

Betreten Sie nie ohne Erlaubnis oder Auftrag ein unbesetztes Büro und verweilen darin.
Sollte dies trotzdem notwendig sein, lassen Sie auf jeden Fall die Bürotüre weit geöffnet damit man sieht, was Sie im Büro tun. Sehr geschickt ist es, wenn Sie die geöffnete Türe durch einen Stuhl oder ähnliches blockieren, damit sie offen bleibt.
Stellen Sie sich den Eindruck vor, den Sie machen, wenn Sie hinter dem Schreibtisch des Vorgesetzten etwas suchen, und plötzlich tritt ein anderer Mitarbeiter in dieses Büro. Mit Sicherheit wird er annehmen, dass Sie unerlaubt schnüffeln, und das wird sich für Ihren Ruf verheerend auswirken.

Laufen Sie im leeren Büro nicht herum und gehen Sie auf keinen Fall ohne Auftrag hinter den Schreibtisch, um Unterlagen zu suchen.

Ist jemand anwesend, entschuldigen Sie sich und warten auf eine Reaktion, oder als zweite Möglichkeit:
Sie können wieder an Ihren Arbeitsplatz zurückgehen, ohne die Türe zu öffnen.

b)   wenn die Tür offen ist und Ihr Vorgesetzter nicht hersieht

Klopfen Sie vernehmlich an den Türrahmen und bleiben Sie stehen.

Wenn keine Reaktion erfolgt, klopfen Sie etwas lauter.

Wenn er jetzt aufsieht, grüßen Sie ihn verständlich mit Namen und–Titel. Sagen Sie, wer Sie sind und was Sie herführt. Warten Sie auf seine Reaktion.

Zum Händedruck sollte Ihnen Ihr Vorgesetzter die Hand reichen und *nicht* Sie Ihrem Vorgesetzten.

Stehen Sie aufrecht in vernünftiger Haltung. *Keine* Ihrer Hände steckt in der Hosentasche.

„Hände in der Tasche" mag zwar verbreitet als „cool" gelten, ist aber eine grobe Respektlosigkeit gegenüber seinem Gesprächspartner.

Tipp
Bis zu einem Alter von 30 Jahren finden die meisten Menschen eine Hand in der Tasche bei ihrem Gesprächspartner nicht als sehr störend.
Ältere Menschen dagegen sehen das anders und empfinden eine oder zwei Hände in der Hosentasche als unangebracht und respektlos.

Nie Kaugummi kauend beim Vorgesetzten erscheinen.

Setzen Sie sich nicht unaufgefordert.

Wenn Sie zum Sitzen aufgefordert werden, dann sitzen Sie vernünftig, nämlich aufrecht. Die Hände sind nicht unter, sondern auf dem Tisch.

Flegeln Sie sich nicht auf Stühlen. Halten Sie Ihre Knie nie breiter als die Schultern.

Kopfbedeckungen werden normalerweise schon beim Eintreten in ein Zimmer abgenommen. Tragen Sie Kopfbedeckungen in geschlossenen Räumen nur, wenn dies vorgeschrieben ist.

Legen Sie Kopfbedeckungen nicht auf den Tisch, sondern auf Ihre Beine oder woandershin.

Wenn das Gespräch beendet ist, verabschieden Sie sich freundlich und verlassen das Büro.

Sollte die Tür offen stehen, fragen Sie, ob Sie diese schließen sollen.

c)   „Wenn ein Telefongespräch kommt"

Verhalten Sie sich in dieser Situation geschickt.
Deuten Sie, sobald Ihr Gesprächspartner erkennt, von wem und evtl. weshalb er angerufen wird, mit einer Geste, ohne zu sprechen, auf die Bürotür, und sehen Sie ihn dabei fragend an.
Ich bin überzeugt, dass Sie an seiner Reaktion leicht erkennen, was von Ihnen erwartet wird.
Mit dieser Verhaltensweise werden Sie sehr positiv auffallen, denn die meisten Mitarbeiter bleiben in dieser Situation „wie angeklebt" sitzen.

Neugier im Büro

Versuchen Sie nie, unerlaubt in Unterlagen, die in Büros liegen, zu lesen.
Auch nicht, Unterlagen über Kopf zu lesen.
Das ist nicht vertrauenswürdig und deshalb auf keinen Fall positiv für Ihre berufliche Entwicklung. Einen Schnüffler hat niemand gerne um sich.
Unter Umständen kann so ein Verhalten zu sehr krassen Entscheidungen gegenüber Ihrer Person führen.

Platz für Ihre Notizen:

Selbsttest 9

1. Zum Vorgesetzten geht man:

    _____

    _____

    _____

2. Die Anrede mit dem Namen ist nicht nötig, denn man kennt sich ja.

    (richtig/falsch)

3. Wenn die Tür geschlossen ist, verhalten Sie sich so:

    _____

    _____

    _____

4. So verhalten Sie sich, wenn während Ihrer Anwesenheit im Büro Ihres Vorgesetzten ein Telefongespräch ankommt:

    _____

    _____

    _____

5. Das schadet im Büro des Vorgesetzten:

    _____

    _____

    _____

6. So verhalten Sie sich, wenn die Tür offen ist, aber der Vorgesetzte nicht hersieht:

    _____

    _____

    _____

Tatsächliche Gespräche zwischen Prüfer und Azubi 5

Prüfer:

In einer Waschmaschine benötigen Sie pro Waschgang 100 Gramm Waschpulver. In einem Karton sind 10 Kilogramm. Wie oft können Sie damit waschen?

Azubi:

Ja, wie jetzt?

Prüfer:

10 Kilogramm haben Sie, jedes Mal verbrauchen Sie 100 Gramm.

Azubi:

Ich hab ja nix an den Ohren.

Prüfer:

Ja, und die Antwort?

Azubi:

Ey, ich lern Reisebürokaufmann, nicht Waschfrau.

Prüfer:

Gut, ein Reiseprospekt wiegt 100 Gramm. Sie bekommen einen Karton von 10 Kilogramm. Wie viele Prospekte sind da drin?

Azubi:

Das ist voll unfair.

Prüfer:

Das ist doch ganz einfach.

Azubi:

Weiß ich auch.

Prüfer:

Dann rechnen Sie doch mal.

Azubi:

Was?

Prüfer:

100 Gramm jeder Prospekt, 10 Kilo im Karton

Azubi:

Komm, mach Dein Kreis, dass ich durchgefallen bin, so'n Scheiß mach ich nicht.

Gleiche Aufgabe, anderer Prüfling:

Prüfer:

Rechnen Sie doch bitte mal!

Azubi:

Klar, kein Problem! Zehn Kilogramm sind 20 Pfund. 5 Prospekte sind ein Pfund. 100 Prospekte.

Prüfer:

Prima (freut sich, dass der Prüfling, zwar über den Umweg des Pfundes, sicher und schnell zum Ergebnis gekommen ist).

Azubi:

Und das Ganze jetzt mal 10!

Prüfer:

Wann war der Dreißigjährige Krieg?

Azubi:

In Vietnam, oder?

Während ihrer Lehrzeit besuchen die meisten Azubis Schulungen, Weiterbildungsveranstaltungen oder Seminare.

Später werden Sie an Besprechungen teilnehmen.

Als Neuling beobachtet man Sie bei allen derartigen Veranstaltungen interessiert. Man will sich eine Meinung vom Neuen, also von Ihnen, bilden.

Kleiden Sie sich auch bei Seminaren und Schulungen korrekt und situationsgerecht.

Sie vertreten bei solchen Veranstaltungen Ihre Abteilung oder Firma. Wie man Sie einschätzt, wird automatisch darauf übertragen. Natürlich werden Sie aufgrund Ihres Aussehens und Verhaltens taxiert und eingeordnet.

Treffen Sie zu allen Firmenveranstaltungen rechtzeitig rein.

Dann können Sie sich noch einen guten Platz suchen. Reservieren Sie diesen Platz, indem Sie ihn deutlich sichtbar durch Ihre Unterlagen belegen.

Nehmen Sie rechtzeitig Platz

Kommen Sie nie knapp vor Beginn in den vorgesehenen Raum. 5 bis 10 Minuten vor Beginn ist ein guter Zeitraum. Noch besser ist es noch etwas früher, und unterhalten Sie sich dann mit den anderen Teilnehmern

Hängen Sie Jacke oder Mantel nicht über Ihren Stuhl.

Überkleidung hängt man in der Schule über den Stuhl, aber nicht im Beruf. Nutzen Sie Garderoben oder andere zur Verfügung stehende Gelegenheiten, Ihre Garderobe abzulegen.

An den Stuhl gehört Ihre Garderobe nicht.

Mützen nimmt man in Schulungs-, Besprechungs- oder Seminarräumen ab.
Kopfbedeckungen werden in geschlossenen Räumen abgenommen. Das gebietet der Respekt vor anderen anwesenden Personen.
Ausnahmen sind Schutzkleidung oder betriebliche Vorschriften.

Mützen behält man nicht auf dem Kopf.

Legen Sie Ihre Kopfbedeckung nicht auf den Tisch.
Wählen Sie dafür einen anderen Platz.
Es ist unappetitlich, wenn auf Tischen Haare oder Schuppen zurückbleiben.

Legen Sie Ihren Kopf nicht auf den Tisch.
So wirken Sie müde oder schlafend, und das hinterlässt keinen guten Eindruck.

Wenn Sie die Beine übereinanderschlagen, dann so, dass Ihre Knie nie über dem Tisch zu sehen sind.
Knie über dem Tisch wirken cool und lässig, aber nicht respektvoll.

Schalten Sie Ihr Handy aus.
Ein eingeschaltetes Handy, auch wenn es auf lautlos oder Vibration gestellt ist, zeigt Ihrem Gegenüber, dass andere Dinge für Sie wichtiger sind als die Veranstaltung, an der Sie teilnehmen.
Das wirkt sich nie positiv aus.
Wichtige, gut organisierte Personen benötigen sowieso kein eingeschaltetes Handy. Es sei denn, Sie müssen es aufgrund Ihrer Funktion eingeschaltet lassen,. z.B. Notfallsanitäter, Feuerwehrleute oder Mitarbeiter vom THW.

In diesem Fall verständigt man den Leiter der Veranstaltung vorher über die Situation.

Flegeln Sie sich nicht auf Stühlen und Tischen.
Sitzen Sie aufmerksam. Hände gehören auf den Tisch. Stützen Sie damit nicht den Kopf ab. Sie sind im Beruf. Dafür werden Sie bezahlt, und Sie sollen aufmerksam sein und zum Vorteil der Firma Neues lernen, es umsetzen und anwenden.

So wirken Sie nicht gut.
Sitzen Sie nicht breitbeinig.

Das wirkt nicht respektvoll, sondern provokant. Machogehabe gehört nicht in den Berufsalltag.
Im Beruf sind keine Machos, sondern erfolgreiche Mitarbeiter gefragt.

So lümmelt man sich nicht hin, auch wenn es aus Ihrer Sicht cool und lässig wirkt.

Seien Sie Veranstaltungsleitern behilflich.
Wenn Schulungs- oder Seminarleiter Unterlagen verteilen, fragen Sie, ob Sie dabei helfen können.
Das hinterlässt immer einen guten Eindruck.

Lecken Sie zum leichteren Verteilen der Unterlagen nicht die Finger und fassen dann die Unterlagen an.
So lassen sich einzelne Blätter zwar leichter voneinander lösen, aber es wirkt sehr unappetitlich.

Unterlagen, die man zum Verteilen erhält, werden folgendermaßen weitergegeben:
Das Verteilen von Unterlagen sollte schnell geschehen.
Deshalb:
– Unterlagen entgegennehmen
– das für Sie vorgesehene Blatt wegnehmen
– restliche Unterlagen sofort weitergeben
– danach das eigene Blatt ansehen.

Bereiten Sie sich auf die persönlichen Vorstellrunden vor.
Sie werden bei Veranstaltungen häufig sich selbst und/oder möglicherweise Ihre Firma vorstellen.
Dabei berichtet man über seinen bisherigen Lebensweg, die Familie, Hobbys und anderes.
Üben Sie diesen Vortrag zu Hause, damit reduzieren Sie Ihren Stress und kommen gut rüber.

Keine Toilettenbesuche außerhalb der Pausen.
Wenn Sie häufig außerhalb der Pausen zur Toilette gehen, kommen Sie leicht in den Verdacht mangelnder Selbstbeherrschung.
Ausnahme:
Sie sind krank. Dann informieren zu Beginn den Leiter der Veranstaltung und setzen sich in die Nähe der Ausgangstüre.

Besuchen Sie die Toilette zu Beginn der Pausen.
Wenn Sie am Ende einer Pause die Toilette benutzen, wird dies den Beginn der Schulung verzögern, oder Sie kommen zu spät zum Wiederbeginn.
Deshalb werden Sie unangenehm auffallen. Am Ende der Pausen benutzen unerfahrene Teilnehmer die Toiletten.
Profis gehen sofort zu Beginn einer Pause zu den Toiletten.

Gruppen- oder Einzelarbeiten.

Viele Seminarleiter testen das Interesse der Teilnehmer mittels folgenden Tricks:

Sie geben einige Zeit vor der Pause die Arbeiten aus und kündigen während der Arbeit an, dass jeder, der fertig ist, in die Pause gehen kann.

Bei jedem Teilnehmer, der jetzt während der Lösungssuche Pause macht, kann man im Zusammenhang mit anderen Beobachtungen auf geringes Interesse an der Schulung oder am Lernstoff schließen.

Förderlich für das berufliche Weiterkommen ist das nicht.

Deshalb schließen Sie erst Ihre Arbeit ab und gehen danach zur Pause.

Schließen Sie Türen, wenn Sie die Toilette betreten und verlassen.

Toilettenräume sehen manchmal nicht gut aus und riechen häufig nicht gut.

Dies muss man vom Gang aus nicht sehen oder riechen.

Schließen Sie den Reißverschluss Ihrer Hose in der Toilette, nicht auf dem Gang.

Tatsache ist: Männer, die ihre Hose auf dem Gang schließen, haben ihre Hände nicht gewaschen.

Appetitlich ist das nicht.

Normalerweise läuft das in Herrentoiletten so ab:

– Pinkeln
– Hose schließen
– Hände waschen
– Hände abtrocknen
– Griff zur Hose, ob Reißverschluss geschlossen
– Toilette verlassen.

Verwenden Sie den Gruß „*Mahlzeit*" nicht innerhalb der Toilettenräume.

Das leuchtet jedem ein. In Toiletten isst man nicht, deshalb gehört auch dieser Gruß nicht hierhin.

Telefonieren Sie nicht während des Toilettenbesuchs.

So wichtig, dass man hier telefonieren muss, sind nur sehr wenige Personen.

Keine störenden Gespräche mit anderen Teilnehmern während der Veranstaltung.

Vermeiden Sie Störungen der Schulungen, Seminare oder Besprechungen durch private oder andere Zwischengespräche. Verschieben dies in die Pausen.

Kurze Informationen austauschen   ja,
Unterhaltungen   nein.

Malen Sie nicht während Schulungen und Seminaren.

Es ist für Lehrer, Dozenten oder Referenten sehr irritierend, wenn Teilnehmer während des Unterrichts sich nicht auf den Lehrstoff, sondern auf ihr Blatt konzentrieren, um darauf z.B. Bildchen zu malen.

Damit erwecken Sie den Eindruck von mangelndem Interesse.

Aschenbecher sind keine Abfallbehälter.

Entsorgen Sie Abfälle in dafür vorgesehene Behälter.

Fingernagel-, Gesichts- oder Handpflege unterlassen Sie.

Es ist nicht zu glauben, welche Unarten aus der Schulzeit in die Berufswelt übertragen werden. So hinterlassen Sie einen ausgesprochen schlechten Eindruck.

Etwas mehr Interesse wäre angebracht.

Kauen Sie keine Kaugummis.
Sollte es erlaubt sein, denken Sie vorher an die Entsorgung. Heben Sie dafür das Einwickelpapier auf, und entsorgen Sie ihn darin.
Beachten Sie diese weiteren Hinweise:
- Schmatzen Sie nicht beim Kauen.
- Kauen Sie nicht mit offenem Mund.
- Kauen Sie nicht zu ausgeprägt, damit Sie nicht wie ein Wiederkäuer wirken.
- Produzieren Sie keine Blasen.
- Kleben Sie nie Kaugummireste irgendwohin.

Klicken Sie nicht mit dem Kugelschreiber.
Das stört und zeigt mangelnde Selbstbeherrschung.

Essen Sie nicht während Veranstaltungen.
Bereitgestelltes oder angebotenes Gebäck können Sie jederzeit in angemessener Stückzahl verzehren.
Denken Sie rechtzeitig daran, wie Sie Ihre möglicherweise fettigen Finger reinigen werden.
Verzehren Sie keine eigenen Speisen.
Das ist ein sehr unprofessionelles Verhalten. Essen Sie in den Pausen und nie während der Veranstaltung.

So sollte Ihr Platz bei Besprechungen, Seminaren oder Schulungen nicht aussehen.

Trinken Sie nur wenn es nicht anders geht aus Flaschen.
Dafür werden Gläser oder Becher bereitgestellt. Das Trinken aus Flaschen wirkt nicht gut.

Vorsicht bei Gebäck mit Schokoladenglasur.
Denken Sie rechtzeitig an die Reinigungsmöglichkeit von möglicherweise verschmierten Fingern. Schokoladenglasur an Unterlagen wirkt sehr unprofessionell. Lecken Sie auch nicht die Finger ab.

Meiden Sie auch während der Pausen jede Art von Alkohol.
Man wird schneller beschwipst als man denkt. Angeheitert hinterlassen Sie zwar einen bleibenden, aber negativen Eindruck.

Keine Kartenspiele in den Pausen
Azubi im Handwerk neigen dazu. Lassen Sie es. Es wirkt nicht cool, sondern nur dumm.

Vergessen Sie nie:
Sie sollen zum Firmenerfolg beitragen. Deshalb schickt man Sie zu Schulungen und Seminaren. Dies sind keine Veranstaltungen, um sich zu produzieren oder sich einmal einen lockeren Tag zu machen.
Ihre Firma erwartet von Ihnen nach dem Seminar oder der Schulung eine Verhaltensänderung im Sinne der vermittelten Seminarziele.
Rechnen Sie nach dem Besuch einer solchen Veranstaltung immer damit, dass Ihr Vorgesetzter fragt, was Sie gelernt haben.
Bereiten Sie eine gute Antwort vor, die den Nutzen für die Firma aufzeigt.
Dann ist Ihr Vorgesetzter mit Ihnen zufrieden.

Blockieren Sie während der Pausen keine Gänge oder Durchgangstüren

1. Jacken hängt man über den Stuhl statt an die Garderobe, denn sie wärmen den Rücken. (richtig/falsch)

2. Bei unvorteilhaften Frisuren kann man eine Mütze ruhig auf dem Kopf behalten. (richtig/falsch)

3. Aufrecht zu sitzen, ist auf die Dauer sehr anstrengend. Man verliert dann die Konzentration. Deshalb sollte man sich ruhig lässig hinsetzen. (richtig/falsch)

4. Mein Handy stelle ich auf „Sitzung". Dann bemerke ich durch die Vibration, wann eine Nachricht kommt, und kann sofort nachsehen. (richtig/falsch)

5. Bei der Verteilung von Unterlagen brauche ich nicht behilflich zu sein. Denn das ist Aufgabe der verantwortlichen Person. (richtig/falsch)

6. Zur Toilette gehe ich am Ende der Pausen, denn ich bespreche immer zu Beginn der Pause mit meinen Kollegen den bisherigen Schulungsverlauf. (richtig/falsch)

7. Meist nehme ich mir etwas zum Essen in solche Veranstaltungen mit. Dann kann ich immer gleich etwas essen, wenn ich hungrig werde. (richtig/falsch)

8. Gebäck mit Schokoladenglasur esse ich gern. Dummerweise verbleibt dann Glasur an den Fingern. In diesem Fall lecke ich dezent und unauffällig meine Finger ab. Dabei halte ich die andere Hand vor. (richtig/falsch)

Sichtbares Piercing ist in traditionellen Betrieben out.
Nicht jeder wird es Ihnen sagen, aber Metall am Körper begeistert nicht unbedingt. Piercing ist häufig eine echte Sympathiebremse. Für einige Berufe ist Piercing absolut tabu und bei der Bewerbung bereits ein KO-Kriterium.
Vermeiden Sie unnötigen Ärger: Tragen Sie kein sichtbares Piercing. Ohrringe oder Ohrschmuck bei Männern fallen in manchen Branchen sehr negativ auf.

Sichtbare Tätowierungen sind auch kein Pluspunkt.
Tätowierungen jeder Art, soweit sie sichtbar sind, stoßen zahlreiche Menschen ab. Deshalb überlegen Sie gut, ob und wo Sie sich tätowieren lassen.
Sichtbare Tätowierungen können und werden Ihren Berufsweg sehr negativ beeinflussen. Verdecken Sie Tätowierungen durch Kleidung.
Wundern Sie sich nicht, wenn Ihr Arbeitgeber mit Nachdruck anregt, die Tätowierungen beseitigen zu lassen.
Schlimmer ist, wenn Ihr Arbeitgeber nichts sagt und die Probezeit beendet oder Sie nicht übernimmt.
Über Ihre berufliche Zukunft bestimmen meist Personen, die einer älteren Generation angehören, und diese haben von Tätowierungen und von den Orten, wo sie angebracht werden, teilweise sehr drastische Vorstellungen.
Tatsache ist:
Auf junger und straffer Haut sehen Tätowierungen gut aus.
Denken Sie daran, wie sich das Aussehen eines Piercings verändert, wenn Ihre Haut älter und damit schlaffer wird

Punkfrisuren und/oder extrem gefärbte Haare finden die meisten Menschen störend.
Alle extremen Äußerlichkeiten sollten Sie im Berufsleben meiden, besonders dann, wenn Sie mit Kunden oder Besuchern Kontakt haben.
Ausnahme: Sie arbeiten in einem Friseursalon oder in einer kreativen Branche.

Eine Glatze oder überlange Haare stören ebenfalls.
Wer im Berufsleben absichtlich eine Glatze oder überlange Haare trägt, wird häufig auf wenig Toleranz stoßen und sich den Berufsweg sehr schwer machen, ganz besonders dann, wenn Kontakt zu Firmenbesuchern notwendig ist.

Überlange und/oder extrem farbige Fingernägel sind ebenfalls nicht zu empfehlen.
In traditionellen Firmen werden sie nicht gern gesehen, zumal dann, wenn sie bei der Arbeit stören.
Meist sehen junge Menschen dies völlig anders.
Leider geht es aber im Beruf nicht nach ihren Wünschen, sondern nach den Auffassungen älterer Vorgesetzter. Diese haben häufig andere Wertvorstellungen und auch die Mittel und Möglichkeiten, sie durchzusetzen.
Zur Zeit der alten Griechen und Römer trugen Männer überlange Fingernägel.
Dies war ein äußeres Zeichen, dass der Betreffende keine körperliche Arbeit mehr verrichten musste. Er hatte dafür Sklaven.
Viele Menschen denken auch heute noch, dass Frauen mit überlangen Fingernägeln nicht sehr fleißig sind.

Tipp:
Meiden Sie im Beruf extremes Aussehen und Verhalten.

Antworten Sie vernünftig, wenn Sie angesprochen werden.
Rückfragen wie „Hä?" oder „Ha?" sind ungehörig und respektlos. Damit schaffen Sie sich keine Freunde. Gewöhnen Sie sich solche Rückfragen in jeder Situation, auch privat, völlig ab.
Fragen Sie stattdessen mit „Bitte" bzw. „Ich habe Sie nicht richtig verstanden" zurück.

Spielen Sie nie den „Clown" oder „Kasper".
In Situationen, in denen Schüler unsicher sind, neigen sie häufig dazu, den „Clown" zu spielen.
Auch im Berufsleben werden Sie diese Situation erleben.
Lassen Sie das im Beruf. Spielen Sie auf keinen Fall den „Clown".
Den Ruf als Clown werden Sie nur sehr schwer los. Firmen benötigen keine „Clowns", sondern Mitarbeiter, die zum Betriebserfolg beitragen.

„Gesundheit" oder Ähnliches wünscht man nicht, wenn jemand niest.

Die Regel lautet:
Die Person, welche niest, muss sich entschuldigen.
Körpergeräusche jeder Art sind von anderen Personen zu ignorieren.
Dazu gehört auch das Niesen.

Tipp:
Sagen Sie nicht als Erster „Gesundheit".
Warten Sie ab, wie sich die anderen Personen in Ihrer Umgebung verhalten.
Sagen *alle* „Gesundheit" oder Ähnliches, schließen Sie sich an.
Wünschen jedoch eine oder zwei Personen nicht „Gesundheit", dann schweigen Sie ebenfalls.

Schnäuzen Sie sich in ein sauberes Papier- oder Stofftaschentuch.
Das hinterlässt einen guten Eindruck. Schauen Sie allerdings nicht im Taschentuch nach, was Sie hinterlassen haben. Viele Menschen finden diesen Kontrollblick sehr abstoßend.
Kürzlich hörte ich in einer solchen Situation folgende Bemerkung zu dem Schauenden: *„Wenn es weiß ist, ist es Hirn."*
Zu meinem Erstaunen schaute der Betreffende tatsächlich nochmals in sein Taschentuch.

Schniefen Sie nicht.
Es ist sehr unappetitlich wenn ein Gegenüber ständig schnieft, anstatt sich die Nase zu putzen.
Ganz abstoßend wird es, wenn dies beim Essen öfters geschieht.

Vermeiden Sie Körpergeräusche jeder Art.
Körpergeräusche jeder Art mögen in der Schule als cool gelten.
Im Berufsleben sind sie unangenehm und deshalb zu unterlassen.

Bohren Sie nicht in der Nase oder im Ohr.
Nase- oder Ohrbohren ist sehr unappetitlich.
Sie hinterlassen damit einen bleibenden schlechten Eindruck.

Vermeiden Sie eine grobe oder unflätige Ausdrucksweise.

Mit einer solchen Sprechweise hinterlassen Sie vielleicht bei gleichaltrigen und in Ihrem privaten Umgang Eindruck, aber nicht in beruflichen Situationen und gegenüber älteren Personen. So gewinnen Sie keine oder die falschen Freunde. Im Beruf sollten Sie sich vernünftig ausdrücken

Hüten Sie sich vor verniedlichenden Bezeichnungen oder Spitznamen.

Der Name „Luiserl" (Kosename für Luise) oder „Fritzi" zu Beginn einer Lehrzeit ist manch einer Mitarbeiterin bis ins Alter geblieben. Karrierefördernd sind verniedlichende Spitznamen sehr selten.

Vermeiden Sie einen ausgeprägten Dialekt.

Am Anfang einer Lehrzeit gilt ein starker Dialekt häufig noch als lustig. Dieser Eindruck lässt nach und verschwindet verhältnismäßig schnell.

Einer positiven beruflichen Weiterentwicklung steht ein starker Dialekt oder eine *ausgeprägte* Mundart meist im Weg. Wenn Sie später in anderen Regionen Deutschlands arbeiten oder häufig dorthin telefonieren, bemerken Sie schnell, dass Sie heimlich belächelt und nicht ernst genommen werden.

Bei einer internationalen Ausrichtung einer Firma ist der Dialekt beim Erlernen notwendiger Fremdsprachen ein Hemmnis.

Tipp:

Lernen Sie, sich zweisprachig auszudrücken.

In Ihrer vertrauten heimatlichen Umgebung können Sie Mundart oder Dialekt sprechen, im Beruf ist jedoch zumeist ein gutes Deutsch gefordert.

Meist stört es nicht, wenn man schwach durchhört, wo man herkommt.

Ausnahme:

Betriebe mit stark regionaler Ausrichtung.

Auf jeden Fall sollten Sie deutlich sprechen.

Eine aktuelle Befragung zeigte, dass „Bayerisch" in Deutschland die beliebteste Mundart ist.

Bitte nicht übertreiben, verstehen muss man Sie schon.

„Schwäbisch" und „Sächsisch" stehen dagegen an den letzten beiden Stellen der Beliebtheitsskala.

Bieten Sie anderen Personen Ihre Hilfe an.

Beispielsweise, wenn diese schwer tragen. Gehen Sie also nicht mit der Frage „Ist es schwer?" ohne ein Hilfsangebot weiter. Fragen Sie, ob Sie helfen können. Hilfsbereite Azubis gewinnen schnell Sympathie und Freunde.

Halten Sie anderen Personen Türen auf.

Damit vergeben Sie sich nichts und erhalten den Ruf einer hilfsbereiten Person.

Fragen Sie, ob auf dem Gelände Ihrer Firma Fotohandys gestattet sind.

In vielen Firmen ist es mittlerweile üblich, wegen der möglichen Betriebsspionage die Mitnahme von Fotohandys auf das Betriebsgelände strikt zu verbieten.

Unter Umständen kann ein Verstoß dagegen die fristlose Entlassung nach sich ziehen.

Fragen Sie auch nach, wenn Sie andere Firmen besuchen oder für Ihre Firma dort tätig werden.

Schalten Sie Ihr privates Handy aus.

In vielen Firmen wird es ungern gesehen, wenn während der Arbeitszeit privat telefoniert wird, auch wenn dies mit dem eigenen Telefon geschieht.

Kontrollieren Sie den Eingang von privaten SMS oder MMS in den Arbeitspausen.

Es macht keinen guten Eindruck, wenn während der Arbeitszeit SMS gelesen, MMS betrachtet oder beide gar noch beantwortet werden.

Trampeln Sie nicht auf Treppen.

Gehen Sie auf Treppen und in Gängen mit normaler Lautstärke, und trampeln Sie nicht wie ein Elefant.

Platz für Ihre Notizen:

1. Piercing und Tätowierungen stören heute keinen Menschen mehr.
(richtig/falsch)

2. Auch bei Frisuren gibt es heute mehr Toleranz. Punkfrisuren oder stark und/oder extrem gefärbte Haare lockern den beruflichen Alltag auf. (richtig/falsch)

3. Überlange oder extremfarbige Fingernägel sind bei jungen Menschen üblich und werden deshalb toleriert. (richtig/falsch)

4. Man sagt „Gesundheit", wenn eine andere Person niest. Es ist ein Zeichen für Höflichkeit. (richtig/falsch)

5. Ich versuche zu erreichen, dass man mir im Betrieb einen Spitznamen gibt. Dann bleibe ich in Erinnerung und andere Menschen mögen mich. (richtig/falsch)

6. Mein Dialekt zeigt meine Heimatverbundenheit. Ich werde ihn im Beruf beibehalten. (richtig/falsch)

7. Mit meinem Handy kann ich jederzeit Nachrichten von meinen Bekannten empfangen und gleich antworten. Das geht schnell und stört niemanden. (richtig/falsch)

8. Mit meinem modernen Fotohandy fotografiere ich gern in meiner Firma. Dann sehen meine Bekannten, wo und was ich gerade arbeite.
(richtig/falsch)

Platz für Ihre Notizen:

**Die größten Fettnäpfchen in Deutschland auf einen Blick
(Emnid-Umfrage)**

Anderen keine Hilfe anbieten	88 %
Bei Tisch rülpsen oder schmatzen	85 %
Auf der Straße ausspucken	80 %
Die Hand nicht vor den Mund halten beim Husten, Niesen oder Gähnen	79 %
Älteren Menschen in Verkehrsmitteln keinen Platz anbieten	77 %
Sich in der Öffentlichkeit in der Nase bohren oder im Ohr rumpulen	75 %
Handy nicht ausschalten	74 %
Nicht pünktlich sein	72 %
Mitten im Gespräch anfangen, SMS zu versenden oder zu lesen	71 %
Im Gespräch nicht ausreden lassen	59 %
Rauchen, ohne vorher um Erlaubnis zu fragen	57 %
Schlechte Tischmanieren haben	56 %
Sich nicht ordentlich hinsetzen, sondern mit weit ausgestreckten Beine halb liegend auf dem Stuhl hängen	56 %
Nicht dem Wunsch der Gastgeber entsprechend gekleidet zu einer Feier erscheinen (beispielsweise in Jeans), wenn sie um festliche Kleidung gebeten hatten	49 %
Einer nachfolgenden Person nicht die Türe aufhalten	48 %
Eine Hand in der Hosentasche haben, wenn jemand Sie begrüßt	12 %
Ein Jackett vergessen zu schließen, wenn jemand Sie begrüßt	12 %

Tatsächliche Gespräche zwischen Prüfer und Azubi 6

Prüfer:

Was ist ein Euro-Scheck?

Azubi:

Kannste Euro mit bezahlen, außer im Urlaub.

Prüfer

Erklären Sie mir bitte, was ein Dreisatz ist

Azubi

Mit Anlauf und dann weit springen

Prüfer:

Was sind so Ihre Hobbys?

Azubi:

Lesen, Musik und rumhängen.

Prüfer:

Was lesen Sie denn so?

Azubi:

Programmzeitschriften

Prüfer:

Nennen Sie mir doch bitte drei skandinavische Länder?

Azubi:

Schweden, Holland und Nordpol.

Oberste Regel:
Im Geschäftsleben sollten sich Ihre Gesprächspartner auf das Geschäft konzentrieren und nicht durch Ihr Äußeres abgelenkt werden

Kleiden Sie sich deshalb nie zu offenherzig und luftig.
Nicht vorteilhaft sind:
– Spaghettiträger
– kurze Röcke
– zu enge Kleidung
– durchsichtige Kleidung
– luftige Kleidung.

Alles dies beflügelt die Phantasie der Männer, aber selten die Karriere einer Frau.

Überlegen Sie sich immer:
Weshalb möchten Sie in Ihrer Firma geschätzt werden?
Wegen Ihres „scharfen" Aussehens oder Ihres Könnens?
Wer, glauben Sie, wird in wirtschaftlich schwierigen Situationen eher seinen Arbeitsplatz behalten?
Außerdem erleben zu leicht bekleidete Frauen häufig sexuelle „Anmache".

Vermeiden Sie nabelfreie Mode und sichtbare Slips.
Beides mag in der Freizeit toll aussehen, ist jedoch im Beruf nicht gefragt. Überzeugen Sie mit Leistung und Kompetenz und nicht durch „heißes" Aussehen.
Mit „sichtbaren Slips" meine ich eine Oberbekleidung, die so dünn ist, dass die Unterwäsche durchscheint, oder so enge Kleidung, dass sich die Unterwäsche deutlich abzeichnet.

Zeigen Sie nie zu viel Bein.
Normalerweise rutscht Ihr Rock zurück, wenn Sie sich setzen oder die Beine übereinander schlagen.
Achten Sie darauf, dass Sie dann oder in anderen Situationen nie zu viel Bein zeigen.

Zeigen Sie nie zu viel nackten Hintern (Po).

Bei manchen jungen Menschen rutschen modische Hosen weit herunter. Dann sieht man deutlich den Beginn des Hinterns incl. den Beginn der Pofalte.

Man wird darüber reden. Auf dieses Gerede sollten Sie verzichten.

Für den Beruf sicher nicht das richtige Aussehen.

Eine im Beruf völlig unangebrachte Ansicht.

Schminken Sie sich nicht zu stark.

Es ist nicht professionell, wenn Sie Ihr junges, hübsches Gesicht durch zu viel Schminke verdecken. Make-up soll Ihre Vorteile betonen und nicht verdecken.

Prüfen Sie Ihr Aussehen nach dem Schminken bei Tageslicht, bevor Sie zur Arbeit gehen, damit Sie nicht aussehen wie ein Indianer auf dem Kriegspfad.

Vermeiden Sie Lippenstift an den Zähnen.

Dies gilt als Top-Peinlichkeit.

Tragen Sie immer Strümpfe.

Halten Sie im Beruf die Augen offen. Wirklich wichtige und kompetente Frauen tragen Strümpfe, aber keine nackten Beine zur Schau.

Genau wie bei den Männern gelten auch bei Frauen kurze Socken, die nacktes Fleisch (Unterschenkel) zeigen, als stillos.

Kurze oder zurückgenommene Haare schlagen bei der Kompetenzzuordnung die Mähne.

Nicht ohne Grund tragen die meisten Frauen in wichtigen Positionen ihre Haare kurz oder hochgesteckt.

Freuen Sie sich, wenn Sie lange Haare besitzen, und regeln Sie dies so:

Lange Haare für die Freizeit.

Hoch- bzw. zurückgesteckte oder kurze Haare im Beruf.

Abwechslung hat noch nie geschadet und wirkt anziehend.

Tragen Sie keinen Kinder- oder Schülerschmuck.

Wer sich damit schmückt, braucht sich nicht zu wundern, wenn er wie ein Kind behandelt wird.

Auch Freundschaftsbändchen sollten Sie nur tragen, wenn Sie in der Freizeit sind.

Waschen Sie alle Eintrittsstempel an Händen und Armen ab.

Es ist wirklich nicht professionell, wenn Sie mit solchen Stempeln zur Arbeit geben.

Tragen Sie kleine, geschmackvolle Ohrringe.

Ohrringe haben bei Frauen die gleiche Kompetenzzuordnung wie die Krawatte eines Mannes.

Nutzen Sie dies zu Ihrem Vorteil.

Bei der Kompetenzzuordnung stehen an erster Stelle Ohrringe (etwa in Eheringgröße), dann folgen mit deutlichem Abstand Ohrstecker und danach Ohrhänger.

Hänger sind dann in Ordnung, wenn diese Ihre Kreation oder Arbeit sind.

Zu großen Ohrschmuck sollten Sie auf jeden Fall meiden. Er gehört in die Freizeit.

Rasieren Sie sich die Achselhöhlen.
Rasierte Achselhöhlen sind stilvoll und gelten als gepflegt.

Rasieren Sie sich bei sichtbarer Körperbehaarung an Armen und Füßen.
Besonders dunkelhaarige Frauen sollten derartige Körperhaare rasieren. Blonde Frauen haben es leichter.

Herb-frisches Parfüm schlägt lieblich-süßliches Parfüm, denn es hat eine höhere Kompetenzzuordnung.
Deshalb schaffen Sie sich zumindest zwei Geruchsnoten an:
herb-frisch für den Beruf und lieblich-blumig für den Abend oder die Freizeit.
Laut einer Untersuchung einer deutschen Universität hat herb-frisches Parfüm in traditionellen Berufen eine siebenfach höhere Kompetenzzuordnung.

Parfümieren Sie sich nicht zu stark.
Weiter als dreißig bis fünfzig Zentimeter vom Körper entfernt sollte Ihr Parfüm oder Deo nicht zu riechen sein.

Tipp:
Im Beruf ist Kompetenz gefragt. Betonen und unterreichen Sie diese durch Ihr Äußeres und verdecken diese nicht durch zu kräftiges Schminken oder Parfümieren.

Überlegen Sie, ob Sie nicht frühzeitig ein Farb- und Stil-Seminar besuchen. Eine klug eingesetzte Farbkombination bei Kleidung und Make-up schafft Vertrauen und Sympathie. Zusätzlich gewinnen Sie Selbstsicherheit durch Ihre eigene Überzeugung, richtig gekleidet und geschminkt zu sein.
Diese Sicherheit nutzt Ihnen im Beruf.

1. Insbesondere im Sommer ziehe ich gern etwas offenherzige Kleidung an. (richtig/falsch)

2. Ich mag es, wenn Männer mir nachsehen, denn ich habe ja eine gute Figur, und die zeige ich auch gern. (richtig/falsch)

3. Nabelfreie Kleidung oder sichtbare Slips stören heute wirklich niemanden mehr. Im Gegenteil, mir wird sogar bewundernd nachgepfiffen. (richtig/falsch)

4. Frauen können heute auch im Beruf einen Minirock tragen. Wozu hat man denn hübsche Beine? (richtig/falsch)

5. Lippenstift an den Zähnen stört nicht, denn wenn man etwas isst, verschwindet er mit der Zeit. (richtig/falsch)

6. Im Sommer kann man jederzeit auch ohne Strümpfe zur Arbeit gehen. Das sieht gut aus, und man schwitzt nicht so.

   (richtig/falsch)

7. Meine Haarmähne sieht gut aus. Sie wirkt kompetent und professionell. (richtig/falsch)

8. Die Haare in den Achselhöhlen oder an Beinen bzw. Armen zu entfernen, ist in der heutigen Zeit nicht mehr notwendig.

   (richtig/falsch)

9. Ich mag lieblich-süßes Parfüm, denn es unterstreicht meine berufliche Kompetenz. (richtig/falsch)

Der Ausbilder einer Firma sagte mir folgendes: Er teilt seine Azubi in drei Gruppen ein.

1. Gruppe:
Diese Azubi erledigen eine ihnen übertragene Arbeit und warten dann, dass sie eine weitere Arbeit übertragen bekommen.
Das sind die Mitarbeiter, die bei einem Personalabbau meist als Erste entlassen werden.

2. Gruppe:
Diese Azubi erledigen Ihre Arbeit und fragen anschließend selbst nach einer Folgetätigkeit.

3. Gruppe:
Diese Mitarbeiter wenden sich, bevor sie mit der übertragenen Tätigkeit fertig sind an ihrer Vorgesetzten. Sie kündigen an, dass sie in Kürze mit der Tätigkeit fertig werden und bitten, ihnen bis dahin eine Folgetätigkeit bereitzuhalten.
Wenn Sie klug sind, ordnen Sie sich in diese Gruppe ein.
Wobei man von Azubi nach einer gewissen Firmenzugehörigkeit erwartet, dass sie selbst Arbeit sehen und erledigen.

Vermeiden Sie Fehltage.
Lassen Sie sich Fehltage rechtzeitig vorher von Ihrer Firma genehmigen.
Ihre Firma muss immer wissen, weshalb Sie nicht am Arbeitsplatz sind.
Zu viele Fehltage wirken sich, ob genehmigt oder nicht, nie positiv aus.
Melden Sie sich sofort in Ihrer Firma, wenn Sie nicht am Arbeitsplatz erscheinen können. Teilen Sie mit, weshalb Sie nicht kommen und wie es weitergeht oder wann Sie wieder zur Arbeit kommen.

Seien Sie immer pünktlich am Arbeitsplatz.
Dies bedeutet:
Es ist unerheblich, wann Sie die Firma betreten. Was zählt, ist die Uhrzeit, zu der Sie am Arbeitsplatz sind.
Dies betrifft auch die Zeit nach den Pausen.

Auch für Sie gilt: Keine Extrapausen zum Rauchen.
Rauchen gilt als Charakterschwäche.

Seien Sie sich für keine Arbeit zu schade.
Sie sind Azubi, und das umfasst möglicherweise auch unangenehme Tätigkeiten. Meist werden Sie als Azubi eher die unangenehmen Arbeiten erledigen. Beschweren Sie sich nicht darüber. Meckerer werden nirgendwo gerne gesehen. Erledigen Sie diese unangenehmen Tätigkeiten zügig und ordentlich.

Fragen Sie bei Unklarheiten sofort nach.
Wenn etwas unklar ist, fragen Sie nach. Damit zeigen Sie Aufmerksamkeit und Interesse. So vermeiden Sie Fehler und sammeln Pluspunkte beim Chef.

Führen Sie keine Gespräche über vertrauliche Privatangelegenheiten anderer Menschen.
Dies ist der sicherste Weg, um sich aus Schwierigkeiten herauszuhalten. Wenn Ihnen Arbeitskollegen Vertrauliches aus ihrem Privatleben erzählen, behalten Sie es für sich. Tratschen Sie es nicht herum, und wenn es noch so interessant wäre.

Erzählen Sie Arbeitskollegen nichts aus Ihrem Privatleben.
Trennen Sie privates vom beruflichen. Halten Sie sich bei Erzählungen aus Ihrem Privatleben zurück. Meist entsteht daraus Tratsch und Klatsch. Außerdem wird zusätzlich erfunden und/oder aufgebauscht. Privates hat als Gesprächsstoff am Arbeitsplatz nichts verloren.

Wenn Sie eine Arbeit erledigt haben, fragen Sie nach der nächsten.
Machen Sie sich nützlich. Damit fallen Sie positiv auf. Fleißige, interessierte Mitarbeiter sucht jeder Betrieb.
Besser noch: Kündigen Sie Ihrem Vorgesetzten an, dass Sie in Kürze mit Ihrer Tätigkeit fertig sind und danach nach einer neuen Arbeit fragen werden. Dann kann sich Ihr Chef eine vernünftige Arbeit für Sie überlegen.

Verwenden Sie nicht das Wort „Klo".
Ein besseres Wort ist „Toilette".

1. Eine kleine Extrapause, z.B. zum Telefonieren oder Rauchen, kann man sich als Azubi ruhig leisten.   (richtig/falsch)

2. Ich erzähle am Arbeitsplatz gern etwas aus meinem Privatleben. Das schafft Vertrauen und Verständnis und schadet mir nicht.
                                                                     (richtig/falsch)

3. Wenn eine mir übertragene Arbeit fertig gestellt ist, prüfe ich erst auf meinem Handy den SMS-Eingang bzw. lege eine Rauchpause ein. Danach warte ich, bis mir eine neue Arbeit übertragen wird.
                                                                     (richtig/falsch)

4. Wenn mir niedrige Tätigkeiten übertragen werden, beschwere ich mich sofort. Ich bin doch kein Hilfsarbeiter.   (richtig/falsch)

Platz für Ihre Notizen:

Angemessenes Verhalten in der Kantine

> *„Gute Umgangsformen bedeuten, sich im Fastfoodrestaurant und der Kantine ebenso angemessen zu benehmen wie in einem Spitzenrestaurant. "*

Auch junge Männer könnten ihrer Begleiterin z.b. beim Besuch eines Fastfoodlokals:
- die Türe aufhalten
- aus dem Mantel helfen
- das Tablett tragen
- fragen, wo die Begleiterin sitzen möchte
- ihr diesen Platz überlassen
- nicht schmatzen oder rülpsen.

Dabei gibt es keinen Unterschied zu einem guten Lokal.

Es ist immer wieder erstaunlich, wie viel Sympathie sich junge Menschen durch unmögliches Benehmen in der Kantine oder anlässlich anderer gemeinsamer Mahlzeiten verderben.

Wenn man sie dann fragt, weshalb sie sich so daneben benehmen, lautet häufig die Antwort: Dies sind eben die heutigen Manieren der jungen Leute. Man habe es zu Hause nicht anders gelernt, oder man erhält den Hinweis auf Freunde bzw. – noch schlimmer – auf Vorgesetzte, die sich ebenso benehmen.

Hier schlägt der Gruppenzwang voll zu.

Tipp

Im Beruf müssen Sie Ihren eigenen Weg gehen und sich einen eigenen Ruf schaffen.

Orientieren Sie sich an positiven und nicht an negativen Vorbildern.

Deshalb ist es wichtig, dass Vorgesetzte Positives und nicht Negatives vorleben.

Denn:

Erfolgreiche Menschen sind nie wie normale Menschen.
Sie sind anders, besser. wenn sie so wären wie normale Menschen,
dann wären sie normal und nicht erfolgreich.

Andererseits versteht es eine geringere Anzahl junger Mitarbeiter immer wieder, durch gutes Benehmen positiv aufzufallen und einen erfolgreichen Berufsweg zu starten.

Stellen Sie sich folgende Situationen vor:

a. Ein Azubi tauscht für eine gewisse Zeit den Arbeitsplatz mit einem Azubi aus einem anderen Betrieb. (Lehrlingsaustausch)

   In der Kantine des anderen Betriebes benimmt er sich unmöglich. Andere Kantinenbesucher erkundigen sich, wer denn dieser „Rüpel" sei. Sie erfahren: Das ist der Austausch-Azubi der Firma XY.

   Die Meinung über diese Firma wird auf jeden Fall negativ ausfallen, noch dazu, wenn dieses rüpelhafte Verhalten häufiger vorkommt.

b. Mitarbeiter Ihrer Firma besuchen eine Messe oder Ausstellung.

   Sie werden von Ihrer Zulieferfirma zum Essen im gehobenen Rahmen eingeladen.

   Leider können verschiedene Mitarbeiter nicht mal halbwegs vernünftig mit Messer, Gabel und Serviette umgehen.

   So blamieren Sie sich und/oder Sie blamieren Ihren Arbeitgeber.

   In der Regel wird die Meinung über die Firma und nicht über den Mitarbeiter schlecht ausfallen. Sie sehen, das Verhalten der Einzelpersonen prägt den Ruf einer gesamten Firma.

   Erfreulich ist diese Situation auf keinen Fall.

c. Als Handwerks-Azubi arbeiten Sie in einem privaten Haushalt. Die Auftraggeber sind ausgesprochen nett und laden Sie zur gemeinsamen Brotzeit ein.

   Schade, wenn Sie nicht mal die Mindesthöflichkeiten beim Essen oder im täglichen Umgang beherrschen und sich einige Male danebenbenehmen.

   Hoffentlich denken jetzt Ihre Kunden nicht, dass Sie ebenso arbeiten wie Sie sich benehmen.

d. Noch schlimmer:
Ein Lehrbetrieb beschäftigt verschiedene Azubis. Die einen können sich vernünftig benehmen. Bei der anderen Gruppe hapert es sehr, und sie sind auch nicht lernwillig. Denn lernwillig ist nicht cool.
Alle Azubis sind jedoch in ihrem Beruf gleich gut. Welche Gruppe wird Ihrer Meinung nach am Ende der Lehrzeit übernommen?

Es lohnt, sich vernünftig zu benehmen, und das schließt das Verhalten in der Kantine mit ein.

Denken Sie immer daran:
Schlechte Tischsitten können anderen Menschen den Appetit verderben.

Benehmen Sie sich auch in der Öffentlichkeit ordentlich.
Manche Lehrbetriebe erkundigen sich über ihre Azubis auch bei anderen Firmenmitarbeitern. Diese können werden dann den Eindruck weitergeben, den sie von Ihnen in der Freizeit gewonnen haben.
Mir selbst sind verschiedene Firmen bekannt, deren Ausbilder häufiger an Discos oder anderen Treffpunkten ihrer Azubis vorbeischauen um festzustellen, wie sich ihre Mitarbeiter in der Freizeit benehmen.

Platz für Ihre Notizen:

Tatsächliche Gespräche zwischen Prüfer und Azubi 7

Prüfer:

Haben Sie eine Ahnung, wer die Geschwister Scholl waren?

Azubi:

Nö?

Prüfer:

Ich sehe aber in den Unterlagen, dass Sie zehn Jahre auf der Geschwister-Scholl-Schule waren

Azubi:

Geschwister-Scholl (Pause) Geschwister-Scholl (Pause) ... Nee, keine Ahnung.

Prüfer:

Schon mal was von der weißen Rose gehört?

Azubi:

Aaaah! Jetzt fällt's mit ein: Musik, oder?

Prüfer:

Wie viele Ecken hat ein Quadrat?

Azubi:

(nimmt den Taschenrechnet) Sagen Sie mir noch die Höhe bitte!

Prüfer:

Julius Cäsar, schon mal gehört? Wer war das eigentlich?

Azubi:

Hat der nicht Jesus hinrichten lassen, so mit Bibel und so kenn ich mich nicht aus, bin evangelisch.

Alle nachstehenden Punkte können Sie auch im privaten Umfeld anwenden:

Setzen Sie sich vernünftig hin, statt sich hinzuflegeln.
Aufrecht sitzend, eine handbreit Abstand zwischen Tisch und Oberkörper, den Po an der Stuhllehne, den Kopf etwas nach vorn gebeugt, das ist die richtige Grundhaltung.
Beide Hände gehören auf den Tisch. Hände werden bis zum Handgelenk auf den Tisch gelegt. Der Kopf wird nicht auf eine Hand gestützt. Ellenbogen gehören nicht auf den Tisch.
Beugen Sie sich nicht zu weit vor.
„Das Essen wird zum Mund und nicht der Mund zum Essen geführt" ist eine alte Regel und noch immer gültig.

Kantinen besucht man sauber und in ordentlicher Kleidung.
Besuchen Sie die Kantine erst nach einem vorherigen Kontrollgang in die Toilette:
- Kleidung in Ordnung?
- Frisur ordentlich?
- Gesicht sauber?
- Hände gewaschen?
Das sind die Mindestanforderungen an die Sauberkeit, wenn man zum Essen geht.

„Mahlzeit" ist ein schlechter Ersatz für „Guten Appetit".
„Guten Appetit", „Schmeckt es?", sind empfehlenswerte Alternativen.

Konstruktive Kritik, vernünftig formuliert, ist zum richtigen Zeitpunkt, möglich.
Sicher gibt es manchmal Anlass zu Kritik an den Speisen. Kritisieren Sie dezent, nie lautstark, und schlagen Sie eine Verbesserung vor.
Bleiben Sie dabei ruhig.
Wenn Ihnen keine Verbesserung einfällt, halten Sie Ihren Mund. Denn Sie wissen auch nicht, wie es besser geht.

Tipp:
Was versteht man unter konstruktiver Kritik und wie erklärt man sie?
Diesen Begriff sollten Sie sich schnell merken und danach handeln.

Konstruktive Kritik findet immer dann statt, wenn diese mit einem Verbesserungsvorschlag verbunden ist.

Solche Vorschläge werden geschätzt, wenn sie vernünftig formuliert vorgetragen werden.

Sie zeigen, dass Sie mitdenken.

Meckerei und Maulerei schätzt man in keinem Betrieb.

Auch für konstruktive Kritik sollte man den richtigen Zeitpunkt abwarten.

Wenn ein Chef gerade in schlechter Stimmung ist, ist dies bestimmt der falsche Zeitpunkt.

Werden Sie nicht laut.
Sie hinterlassen einen schlechten Eindruck, wenn Sie in der Kantine laut werden. Deshalb mäßigen Sie sich.

Sie sollen sich durch Leistung profilieren und nicht mit Lautstärke.

Fast perfekte Besteckhaltung. Der Zeigefinger am Messer gehört auf den Griff und nicht auf die Klinge.

So sollte es nicht aussehen

Matschen Sie nicht.
So gut es schmeckt, man matscht nicht. Keine Soße mit Kartoffelpüree, kein Schokoladeneis mit Vanillesauce. Nichts.

Essen Sie nicht mit den Händen.
Essen Sie mit dem Besteck und nicht mit den Fingern. Ausnahmen, z.B. Spareribs, Muscheln oder Hähnchen, sind natürlich möglich. Meist sieht essen mit den Fingern nicht appetitlich aus.

Keine Messerputzaktionen.
Putzen Sie Ihr Messer nicht an der Gabel ab, schon gar nicht mit beiden Seiten. Ab und zu eine Putzaktion schadet nicht. Zu häufig sollten Sie vermeiden.

Fuchteln Sie nicht mit dem Besteck.
Besonders dann nicht, wenn Sie Tischnachbarn gefährden.

Schneiden Sie nichts auf Vorrat.

Gewöhnen Sie sich folgenden Rhythmus bei Essen an:

Schneiden, essen, schneiden, essen ... usw.

nicht: schneiden, schneiden, essen ... usw.

Alles, was Sie abschneiden, wird gegessen und nicht nochmals geschnitten.

Schlürfen und schmatzen Sie nicht.

Es gibt nur ein Gericht, welches Sie schlürfen dürfen: Austern.

Diese gibt es in den meisten Kantinen nicht.

Schmatzen bei Tisch ist sehr ungehörig. Damit fallen Sie sehr unangenehm auf.

Schlingen Sie nicht, essen Sie nicht hektisch.

Es nimmt Ihnen sicher niemand etwas weg. Deshalb essen Sie zügig, aber nicht hektisch. Wer schlingt, gibt ein unappetitliches Bild ab.

Stochern Sie nicht mit Ihren Fingernägeln in den Zähnen herum.

Dies ist absolut unappetitlich.

Dazu gibt es Zahnstocher, die Sie ebenfalls nicht am Tisch, sondern in der Toilette verwenden.

Achten Sie darauf, dass Ihre Haare nicht in Speisen hängen.

Besonders gefährdet sind Sie, wenn Sie lange Haare ungesichert zurück-nehmen und diese dann nach vorne fallen. Es ist nicht zu glauben, das habe ich selbst gesehen. Auf meine Frage, ob dies denn appetitlich sei, antworte-te die junge Frau dass es sie nicht störe, denn sie wasche ja die Haare regelmäßig.

Rülpsen Sie nicht.

Rülpsen ist ein sehr grober Verstoß gegen die guten Sitten. Effizienter kön-nen Sie kaum Ihren Ruf ruinieren.

Es ist nicht zu glauben, vor einiger Zeit war ich zur Mittagszeit in einer gut besuchten Kantine in der einige der anwesenden Azubis einen Rülpswettbewerb veranstalteten.

Das hat sich nicht toll angehört und war äußerst unappetitlich. Die Azubis fanden es lustig.

Pusten Sie nur in Ausnahmesituationen über Suppen oder andere Speisen.

Wenn Sie in einem vernünftigen Tempo essen werden Sie kaum in die Situation kommen, Essen zu pusten (damit es kühler wird). Nehmen Sie die Suppe von der Oberfläche und/oder vom Tellerrand auf, dann können Sie gleich mit dem Essen anfangen. Sollte es, wegen Zeitmangel, nicht ohne zu pusten gehen, dann pusten Sie nicht lautstark.

Rauchen Sie nicht am Tisch.

Solange andere Personen am Tisch noch essen, gilt Rauchen am Tisch, auch in Raucherzonen, als ausgesprochen ungezogen. Rauch, der von Ihrem Platz zu anderen Tischen zieht, belästigt andere Gäste der Kantine. Verlassen Sie zum Rauchen den Tisch, wenn Tischnachbarn noch essen, und rauchen Sie an anderer Stelle. Mindesthöflichkeit wäre es, vor dem Rauchen am Tisch die Nachbarn zu fragen, ob es sie belästigt.

Drücken Sie Ihre Zigarette nicht auf einem Teller aus.

Rauchen gilt heute als Charakterschwäche.

Lassen Sie nicht zu viel auf Ihrem Teller übrig.

Wenn Sie sich nicht sicher sind, dass Ihnen ein Gericht schmeckt, dann laden Sie sich nicht zu viel auf den Teller. Es gilt als sehr unhöflich, wenn Sie auf Ihrem Teller zu viele Reste übrig lassen, die dann im Abfall landen.

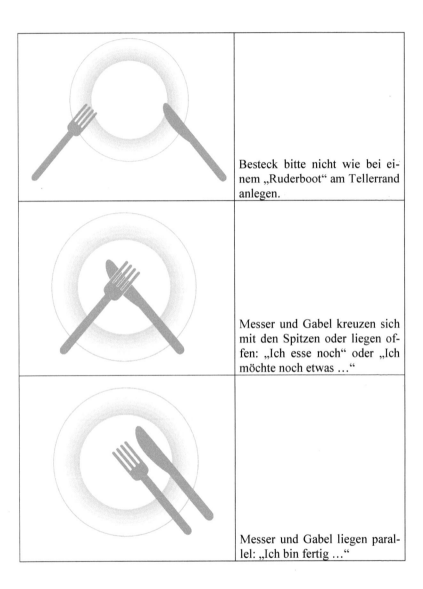

Besteck bitte nicht wie bei einem „Ruderboot" am Tellerrand anlegen.

Messer und Gabel kreuzen sich mit den Spitzen oder liegen offen: „Ich esse noch" oder „Ich möchte noch etwas ..."

Messer und Gabel liegen parallel: „Ich bin fertig ..."

Halten Sie Ihren Essplatz sauber.

Achten Sie darauf, dass Ihr Essplatz sauber bleibt und Sie den Tisch nicht verschmutzt zurück lassen.

Lassen Sie Ihr Gedeck nicht am Platz stehen.

Wenn in Ihrer Firma vorgesehen ist, dass das benutzte Gedeck an eine Sammelstelle gebracht wird, dann halten Sie sich daran.

Benutzen Sie eine Serviette.

Es sieht immer schlecht aus, wenn sich Essensreste im Gesicht oder Soßespuren am Glas befinden. Deshalb benutzen Sie nach jedem Gang und immer vor dem Trinken Ihre Serviette. Eventuell können Sie einen vertrauenswürdigen Kollegen fragen, ob Sie im Gesicht sauber sind.

Der Besuch der Toilette nach dem Essen, zumindest zum Händewaschen und Kontrollblick in den Spiegel, verhindert Peinlichkeiten.

Hüten Sie sich vor färbenden Speisen oder vor Speisen, die leicht als Reste zwischen den Zähnen hängen bleiben.

Sollten Sie diese gern essen, kontrollieren Sie nach dem Essen in der Toilette, ob zwischen den Zähnen unappetitlich anzusehende Speisereste hängen. Reinigen Sie diese im Bedarfsfall.

Tischsitten-Hitliste
(Emnid-Umfrage)

Nicht schmatzen	95,4 %
Nicht mit vollem Mund reden	87,3 %
Erst mit dem Essen beginnen, wenn alle am Tisch ihre Speisen serviert bekommen haben	85,6 %
Korrekte Haltung am Tisch	74,3 %
Wissen, was wie gegessen wird (mit Besteck oder Finger)	72,9 %
Richtiger Umgang mit dem Besteck	68,3 %
Keine Ellenbogen aufstützen	67,5 %
Mund abtupfen vor dem Trinken	61,9 %
Nicht Speisen vermatschen	60,6 %
Die Serviette richtig benutzen	56,7 %
Speisen richtig essen	51,9 %
Brot oder Brötchen am Mittag- oder Abendtisch richtig essen	38,3 %

Platz für Ihre Notizen:

Selbsttest 14

1. Warum soll ich in der Kantine auf gute Manieren achten? Das bemerkt sowieso keiner. (richtig/falsch)

2. Folgende Punkte gelten auch in der Kantine als schlechte Manieren:

    _____
    _____
    _____
    _____
    _____

3. Vor .... Speisen sollten Sie sich hüten.

4. Bevor ich zu meinem Arbeitsplatz zurückkehre, prüfe ich mein Aussehen (Speisereste zwischen den Zähnen) vor einem Spiegel. (richtig/falsch)

5. Auf meinen Teller lade ich lieber mehr auf. Den Rest lasse ich halt übrig. (richtig/falsch)

6. Der Wunsch „Mahlzeit" ist immer angebracht. (richtig/falsch)

7. So sitzt man richtig am Tisch:

    _____
    _____
    _____
    _____

8. Eine Zigarette beim Essen bringt erst den richtigen Genuss. (richtig/falsch)

Liebe Leserin, lieber Leser, vielleicht kommt Ihnen der eine oder andere Rat seltsam oder gar veraltet vor.

Das ist aus der Sicht junger Menschen verständlich.

Überlegen Sie, wer die Regeln und Normen in der Berufswelt vorgibt oder aufstellt: Personen, die meist älter als Sie sind.

Diese bestimmen die Regeln in Firmen. Sie können diese auch durchsetzen und werden Ihren weiteren beruflichen Lebensweg bestimmen.

Deshalb nehmen Sie *deren* Meinung und Rat ernst, und richten Sie sich zu Ihrem eigenen Vorteil danach.

Niemand hat im Normalfall Interesse daran, Ihnen zu schaden.

Denn Ihr Erfolg trägt auch zum Erfolg der Firma bei.

Nehmen Sie die Regeln in diesem Buch ernst, kämpfen Sie nicht dagegen an. Nutzen Sie diese zu Ihrem Vorteil.

Vergessen Sie nicht die beiden bereits am Anfang genannten Punkte:

Ihr wahrscheinlich größtes Problem während der ersten Zeit.

Eine der ersten und unangenehmsten Erfahrungen ist der Eindruck, dass Azubis in dieser Anfangszeit unbeliebte Arbeiten erledigen müssen. Das ist richtig. Stellen Sie sich darauf ein. Denn wer sollte diese Tätigkeiten sonst erledigen? Besser qualifizierte und bezahlte Kollegen?

Auch eine sehr unbeliebte Tätigkeit bei Azubis und Praktikanten, Geschirrspüler ein- und ausräumen

Vorsicht Besserwisser!

Wenn Sie irgendwo neu anfangen, halten Sie sich zunächst mit Ihren Vorschlägen zurück.

In Besserwisserei liegt in vielen Fällen bereits die Grundlage für massiven Ärger. Beachten Sie dazu meine Vorschläge am Beginn dieses Leitfadens.

Ich freue mich, wenn Ihnen dieser Leitfaden den Start in Ihren erfolgreichen Berufsweg erleichtert.

Wenn Sie zu diesem Leitfaden
- **Anregungen oder Ergänzungen vorschlagen,**
- **konstruktive Kritik anbringen möchten,**
- **Fragen haben,**

schreiben Sie mir bitte eine E-Mail an: **info@premiumseminare.de**

Bitte geben Sie mir für die Beantwortung etwas Zeit.

An **Ausbilder, Lehrer und Firmen** habe ich folgenden Hinweis:
Sollten Sie für Ihre Azubis oder Schüler Seminare zum Thema des Buches planen, würde ich mich über eine Zusammenarbeit freuen.
Ich bin bundesweit und im deutschsprachigen Ausland tätig.
Deshalb sind Seminare in Deutschland, Österreich und der Schweiz kein Problem.
Melden Sie sich per Mail: **info@premiumseminare.de**

Seminare für Azubi:
- Umgangsformen für Azubi
- Verkauf- und Verkaufstraining für Azubi
- Einführungsschulungen für Berufsanfänger
- Rhetorik für Ausbildung und Beruf
- Intensivvorbereitung für Abschluss- oder Zwischenprüfung

auch als Ausbildungsmodule erstellt, gehören zu meinem Seminarprogramm und werden firmenbezogen erstellt.

Informationen zu meiner Person und/oder meinen Seminare erhalten Sie über meine Website:
http://www.kuennethseminare.de *oder* http://www.premiumseminare.de/

Ich wünsche den Azubis einen erfolgreichen Berufsstart und den Ausbildern viel Spaß bei der Ausbildung der ihnen anvertrauten jungen Menschen. Denn sie legen den Grundstock für den weiteren Berufsweg ihrer Azubis.

Künneth-Premium-Seminare
Riesstraße 84
80993 München

Fon   +49 89 3077 9520
Fax   +49 89 3077 9519
Mobil +49 172 8472 721
Skype +49 89 3398 5336

E-Mail:
info@kuennethseminare.de
info@premiumseminare.de

www.kuennethseminare.de
www.premiumseminare.de

Die Teilnehmer eines Umgangsformenseminars für Azubi des Handwerks
Weitere Fotos finden Sie unter: www.premiumseminare.de im Internet

Lösungen zu den Selbsttests

Selbsttest 1

1. Was sollten Sie in der ersten Zeit als Azubi oder Praktikant nicht tun?
Meckern, mosern, alles besser wissen.

2. Womit müssen Sie während der ersten Zeit an Ihrem neuen Arbeitsplatz rechnen?
Mit der Übertragung weniger angenehmer Tätigkeiten, z.B. Kaffee kochen, kopieren, Unterlagen ablegen, Geschirrspüler ein- und ausräumen usw.

3. Nennen Sie einige typische Kleidungsfehler.
Sich nicht dem Kleidungsstil der Firma anpassen.
Zu enge oder zu weite Kleidung tragen.
Zuviel Haut zeigen, Muskelshirt anziehen.
Turnschuhe anziehen, zu hohe Absätze tragen.

4. Wo können Sie Informationen über Ihren zukünftigen Arbeitgeber einholen?
Wirtschaftsteil der Zeitungen, Internet, Bekannte und Verwandte, die in der Firma tätig sind oder mit ihr zusammenarbeiten.
In Firmenzeitungen. Auf Hausmessen, Ausstellungen und Messen allgemein.

5. Diese Fehler vermeiden Sie auf Firmenfeiern:
Zu lustig oder betrunken sein, zu laut werden

6. So verhalten Sie sich auf Firmenfeiern richtig:
Dezent und nicht negativ auffallend.

7. Lassen Sie sich rechtzeitig die **Chefs und Vorgesetzten** zeigen.

8. Erkundigen Sie sich nach deren **Namen** und **Titeln.**

9. Besorgen Sie sich, wenn vorhanden, einen **Firmensticker,** und tragen Sie ihn so oft wie möglich.

Selbsttest 2

1. Nennen Sie die **vier** Rangfolgen im privaten Bereich.
a.   ***Frauen vor Männern***
b.   ***Ältere vor Jüngeren***
c.   ***Fremde vor Verwandten***
d.   ***Ausländer vor Inländern***

2. Was regeln die Rangfolgen?
     ***Sie regeln im privaten Bereich die gesellschaftliche Bedeutung einer Person.
     Im Beruf zeigen sie die Wichtigkeit eines Mitarbeiters innerhalb der Firma.***

3. Im Beruf sind außer den Hierarchien manchmal noch wichtig
a.   ***Betriebszugehörigkeit***
b.   ***Dienstalter***
.

4. Obwohl außerhalb vom Beruf die privaten Rangfolgen gelten, ist es nicht immer
     sinnvoll, darauf zu bestehen.

5. Welche Regel wird am häufigsten falsch interpretiert.

Selbsttest 3

1. Wenn Sie ein öffentliches Verkehrsmittel benützen, sollten Sie Ihren Sitznach-
     barn *freundlich grüßen.*

2. Wenn jemand eine schwere Tasche trägt, bieten Sie Ihre ***Hilfe*** an.

3. ***Lächeln*** ist der Sympathieträger Nr. 1 in Deutschland.

4. Werden Sie nicht ***laut, frech.*** Bleiben Sie ***höflich und anständig.***

5. Rauchen gilt heute als ***Charakterschwäche.***

6. Rauchen Sie nicht auf dem Weg vom Parkplatz zum ***Firmengebäude.***

7. Werfen Sie nie Ihre Kippen weg, sondern entsorgen Sie diese im *Abfallbehälter*.

8. Das sind Zauberworte: *Bitte* und *Danke*.

9. Werden Sie nicht *frech und unverschämt*.

Selbsttest 4

1. Im Straßenverkehr verhalten Sie sich immer *rücksichtsvoll*.

2. Ihr Radio sollte nie zu *laut* eingestellt sein.

3. Bleiben Sie *bevorzugten* Parkplätzen fern.

4. Der Innenraum Ihres Fahrzeuges sollte *sauber* und *ordentlich* aussehen.

5. Prüfen Sie die *Aufkleber* an Ihrem Fahrzeug auf Inhalt und Aussage.

6. Parken Sie *korrekt, innerhalb* der Parkmarkierungen.

Selbsttest 5

1. Werfen Sie *Abfälle* nur in die dafür vorgesehenen Behälter.

2. *Auf den Boden spucken* ist unappetitlich.

3. *Laufen* Sie vernünftig.

4. Ihre *Hände* stecken nie in den Taschen.

5. *Schnäuzen* und *Husten* erledigt man in ein Taschentuch und nicht in die Handfläche.

6. Seien Sie auf jeden Fall *angemessen gekleidet*. Damit zeigen Sie Ihrem Gesprächspartner Ihre *Wertschätzung*.

7. Sprechen Sie *laut* und *deutlich*.

8. Anderen Menschen lassen Sie den *Vortritt*.

9. Für *nachfolgende* Personen halten Sie die *Türen auf*.

10. Beim Betreten und Verlassen eines Aufzugs lassen Sie anderen Personen den *Vortritt*.

Selbsttest 6

1. Wer grüßt zuerst, der Rangniedrigere oder der Ranghöhere?
   Der *Rangniedrige* grüßt zuerst.

2. Es ist Zeichen einer guten Firmenkultur, wenn alle Besucher *gegrüßt* werden.

3. Dabei *sehen* Sie den Besucher an.

4. Beim Gruß wird der *Name* und *Titel* ausgesprochen.

5. Schlechte Grußformulierungen sind z.B. *„Hallo", „Hey", „He Du",
   „Gib Fünf"*.

6. *„Mahlzeit"* sagen Sie als Gruß auf keinen Fall in der Toilette.

7. Wer einen Raum betritt, grüßt als Erster.   (*richtig*/~~falsch~~)

8. Alle Besucher werden gegrüßt.   (*richtig*/~~falsch~~)

9. Zum Grüßen gehört der *Blickkontakt*.

Selbsttest 7

So lautet die Regel:
Der *Ranghöhere* reicht die Hand dem Rangniedrigen.

1. Beim Händedruck hält man *Blickkontakt*.

2. Beim beruflichen Händedruck müssen Sie immer aufstehen. (*richtig*/~~falsch~~)

3. Aktentaschen trägt man in der rechten Hand. (~~richtig~~/*falsch*)

4. Sakkos werden beim Händedruck geschlossen. (*richtig*/~~falsch~~)

5. Markenlabels belässt man am Sakkoärmel. (~~richtig~~/*falsch*)

6. Ein Händedruck über den Schreibtisch hinweg ist höflich. (~~richtig~~/*falsch*)

7. Bei einem Sakko werden alle Knöpfe geschlossen. (~~richtig~~/*falsch*)

8. Damenjacken oder Sakkos, die zum Schließen vorgesehen sind, werden wie Männersakkos behandelt (*richtig*/~~falsch~~)

Selbsttest 8
So lautet die Regel:
Der Ranghöhere bietet das „Du" an.

Wenn mich jemand „duzt", dann darf ich ihn auch „duzen"   **falsch**

Wenn ich einen Bekannten privat „duze" dann darf ich ihn
natürlich auch im Beruf „duzen"   **falsch**

Selbsttest 9

1. Zum Vorgesetzten geht man:
a. *ordentlich gekleidet*
b. *ordentlich frisiert*
c. *mit sauberen Hände*
d. *mit Schreibzeug und Terminkalender.*

2. Die Anrede mit dem Namen ist nicht nötig, denn man kennt sich ja.

(~~richtig~~/*falsch*)

3. Wenn die Tür geschlossen ist, verhalten Sie sich so:
a. *anklopfen*
b. *bei „Herein" dezent öffnen*
c. *ansonsten noch mal, etwas stärker, klopfen.*

4. So verhalten Sie sich, wenn während Ihrer Anwesenheit im Büro Ihres Vorgesetzten ein Telefongespräch ankommt:
Deuten Sie durch Gestik an, ob Sie das Büro verlassen sollen.

5. Das schadet im Büro des Vorgesetzten:
Sich setzen, ohne dazu aufgefordert worden zu sein

6. So verhalten Sie sich, wenn die Tür offen ist, aber der Vorgesetzte nicht hersieht:
Am Türrahmen anklopfen, evtl. räuspern, nochmals etwas stärker klopfen, auf keinen Fall den Vorgesetzen erschrecken

Selbsttest 10

1. Jacken hängt man über den Stuhl statt an die Garderobe, denn sie wärmen den Rücken. (~~richtig~~/*falsch*)

2. Bei unvorteilhaften Frisuren kann man eine Mütze ruhig auf dem Kopf behalten.

(~~richtig~~/*falsch*)

112

3. Aufrecht zu sitzen, ist auf Dauer sehr anstrengend. Man verliert dann die Konzentration. Deshalb sollte man sich ruhig lässig hinsetzen. (~~richtig~~/*falsch*)

4. Mein Handy stelle ich auf „Sitzung". Dann bemerke ich durch die Vibration, wann eine Nachricht kommt, und kann sofort nachsehen. (~~richtig~~/*falsch*)

5. Bei der Verteilung von Unterlagen brauche ich nicht behilflich zu sein. Denn das ist Aufgabe der verantwortlichen Person. (~~richtig~~/*falsch*)

6. Zur Toilette gehe ich am Ende der Pausen, denn ich bespreche immer zu Beginn der Pause mit meinen Kollegen den bisherigen Schulungsverlauf. (~~richtig~~/*falsch*)

7. Meist nehme ich mir etwas zum Essen in solche Veranstaltungen mit. Dann kann ich immer gleich etwas essen, wenn ich hungrig werde. (~~richtig~~/*falsch*)

8. Gebäck mit Schokoladenglasur esse ich gern. Dummerweise verbleibt dann Glasur an den Fingern. In diesem Fall lecke ich dezent und unauffällig meine Finger ab. Dabei halte ich die andere Hand davor. (~~richtig~~/*falsch*)

Selbsttest 11

1. Piercing und Tätowierungen stören heute keinen Menschen mehr. (~~richtig~~/*falsch*)

2. Auch bei Frisuren gibt es heute mehr Toleranz. Punkfrisuren oder stark und/oder extrem gefärbte Haare lockern den beruflichen Alltag auf. (~~richtig~~/*falsch*)

3. Überlange oder extremfarbige Fingernägel sind bei jungen Menschen üblich und werden deshalb toleriert. (~~richtig~~/*falsch*)

4. Man sagt immer „Gesundheit", wenn eine andere Person niest. Es ist ein Zeichen für Höflichkeit. (~~richtig~~/*falsch*)

5. Ich versuche zu erreichen, dass man mir im Betrieb einen Spitznamen gibt. Dann bleibe ich in Erinnerung und andere Menschen mögen mich. (~~richtig~~/*falsch*)

6. Mein Dialekt zeigt meine Heimatverbundenheit. Ich werde ihn im Beruf beibehalten. (~~richtig~~/*falsch*)

7. Mit meinem Handy kann ich jederzeit Nachrichten von meinen Bekannten empfangen und gleich antworten. Das geht schnell und stört niemanden.

   (~~richtig~~/*falsch*)

8. Mit meinem modernen Fotohandy fotografiere ich gern in meiner Firma. Dann sehen meine Bekannten, wo und was ich gerade arbeite. (~~richtig~~/*falsch*)

Selbsttest 12

1. Insbesondere im Sommer ziehe ich gern etwas offenherzige Kleidung an.

   (~~richtig~~/*falsch*)

2. Ich mag es, wenn Männer mir im Beruf nachsehen, denn ich habe eine gute Figur, und die zeige ich auch gern. (~~richtig~~/*falsch*)

3. Nabelfreie Kleidung oder sichtbare Slips stören heute wirklich niemanden mehr. Im Gegenteil, mir wird sogar bewundernd nachgepfiffen. (~~richtig~~/*falsch*)

4. Frauen können heute auch im Beruf einen Minirock tragen. Wozu hat man denn hübsche Beine? (~~richtig~~/*falsch*)

5. Lippenstift an den Zähnen stört nicht, denn wenn man etwas isst, verschwindet er mit der Zeit. (~~richtig~~/*falsch*)

6. Im Sommer kann man jederzeit auch ohne Strümpfe zur Arbeit gehen. Das sieht gut aus, und man schwitzt nicht so. (~~richtig~~/*falsch*)

7. Meine Haarmähne sieht gut aus. Sie wirkt kompetent und professionell.

   (~~richtig~~/*falsch*)

8. Die Haare in den Achselhöhlen oder an Beinen bzw. Armen zu entfernen, ist in der heutigen Zeit nicht mehr notwendig. (~~richtig~~/*falsch*)

9. Ich mag lieblich-süßes Parfüm, denn es unterstreicht meine berufliche Kompetenz. (~~richtig~~/*falsch*)

Selbsttest 13

1. Eine kleine Extrapause, z.b. zum Telefonieren oder Rauchen, kann man sich als Azubi ruhig leisten. (~~richtig~~/*falsch*)

2. Ich erzähle am Arbeitsplatz gern etwas aus meinem Privatleben. Das schafft Vertrauen und Verständnis und schadet mir nicht. (~~richtig~~/*falsch*)

3. Wenn eine mir übertragene Arbeit fertig gestellt ist, prüfe ich erst auf meinem Handy den SMS-Eingang bzw. lege eine Rauchpause ein. Danach warte ich, bis mir eine neue Arbeit übertragen wird. (~~richtig~~/*falsch*)

4. Wenn mir niedrige Tätigkeiten übertragen werden, beschwere ich mich sofort. Ich bin doch kein Hilfsarbeiter. (~~richtig~~/*falsch*)

Selbsttest 14

1. Warum soll ich in der Kantine auf gute Manieren achten? Das bemerkt sowieso keiner. (~~richtig~~/*falsch*)

2. Folgende Punkte gelten auch in der Kantine als schlechte Manieren:
a. *laut werden*
b. *an Speisen rummeckern*
c. *zuviel auf den Teller laden*
d. *schmatzen, rülpsen*
e. *beim Essen rauchen.*

3. Vor *färbenden* Speisen sollten Sie sich hüten.

4. Bevor ich zu meinem Arbeitsplatz zurückkehre, prüfe ich mein Aussehen (Speisereste zwischen den Zähnen) vor einem Spiegel. (*richtig*/~~falsch~~)

5. Auf meinen Teller lade ich lieber mehr auf. Den Rest lasse ich dann übrig.

(~~richtig~~/*falsch*)

6. Der Wunsch „Mahlzeit" ist immer angebracht. (~~richtig~~/*falsch*)

7. So sitzt man richtig am Tisch:
a. ***Hände bis zum Gelenk auf dem Tisch***
b. ***Abstand zwischen Bauch und Tischkante eine Handbreit***
a. ***Po an der Stuhllehne, Rücken nicht krumm***

8. Eine Zigarette bringt beim Essen erst den richtigen Genuss. (~~richtig~~/*falsch*)

116

Dietmar Hartmann

Leitfaden für Auszubildende in der betrieblichen Praxis

2017, 111 S., 19,80 €, 26,60 CHF
(expert taschenbücher, 118)
ISBN 978-3-8169-3369-4

Zum Buch:

"Ausbildungsvertrag in der Tasche – was nun?"
Nach dem Motto erleichtert dieser Ratgeber den Übergang von Schule zur Ausbildung.

Aufgrund langjähriger Erfahrung in der Begleitung von Auszubildenden geben die Autoren Hilfestellungen, vom Ausbildungsbeginn, über die Abschlussprüfung bis hin zur evtl. Übernahme oder Weiterbildung nach der Ausbildung. Informationen zum Ausbildungsvertrag, zur Berufsschule und zu den Prüfungen findet man genauso, wie Tipps zum Verhalten im Ausbildungsbetrieb und welche Versicherungen bei Ausbildungsbeginn sinnvoll sind. Einen breiten Raum nimmt auch der Themenblock "Lernen lernen" ein.

Inhalt:

Das duale Bildungssystem – Mein erster Tag im Ausbildungsbetrieb – Rechte und Pflichten – Betriebsrat, Jugend- und Auszubildendenvertretung – Änderungen durch Deinen neuen Rechtsstatus – Wie "tickt" mein Ausbilder? – Berufliche Handlungsfähigkeit – Wie lerne ich am besten und wie behalte ich es mir? – Prüfungen – Ende der Ausbildung: wie geht es jetzt weiter? – Bewerbung

Interessenten:

Auszubildende oder Schulabgänger; alle, die mittel- und unmittelbar vom Thema Ausbildung betroffen sind: Eltern, Lehrer und Ausbilder/Ausbildungsbeauftragten in den Betrieben.

Die Autoren:

Stefan Eckhardt ist Ausbilder in einem Aus- und Weiterbildungsunternehmen und dort verantwortlich für etwa 150 Auszubildende – von der Einstellung bis zur Abschlussprüfung. Seit 1995 ist er im Prüfungsausschuss bei der IHK-Frankfurt am Main, außerdem ist er derzeit in seinem Unternehmen Betriebsratsvorsitzender und auch Trainer von künftigen Ausbilderinnen und Ausbildern.

Klaus-Peter Fotschki war viele Jahre hauptberuflicher Ausbilder, Unterrichtender in der Erwachsenen-bildung und Mitglied in Prüfungsausschüssen.

Dietmar Hartmann ist Trainer und Dozent für Aus- und Weiterbildungsmaßnahmen von Auszubildenden und Ausbildern für namhafte Unternehmen deutschlandweit. Seit 1999 ist er im Prüfungsausschuss bei der IHK-Frankfurt am Main für die Ausbildereignungsprüfung und den Aus- und Weiterbildungs-pädagogen.

Claudia Zierer betreute kaufmännische Auszubildende und war im Prüfungsausschuss für Industrie-kaufleute der Industrie- und Handelskammer Aschaffenburg tätig. Sie ist Fachreferentin für "Weiter-bildung und Qualifizierung von Mitgliedern in Prüfungsausschüssen".

Blätterbare Leseprobe

und einfache Bestellung unter:

www.expertverlag.de/3369

Bestellhotline:
Tel: 07159 / 92 65-0 • Fax: -20
E-Mail: expert@expertverlag.de

expert verlag®
Erlesene Weiterbildung®

Dieter K. Reibold

99 Praxistipps zur Überwindung der Prüfungsangst

2., aktualis. Aufl. 2011, 154 S., 37 Abb., 24,00 €, 42,30 CHF
(expert taschenbücher, 100)
ISBN 978-3-8169-3065-5

Zum Buch:
Bundesweit scheitert jeder siebte Auszubildende und Weiterbildungs-
teilnehmer bei den IHK-Prüfungen. Hauptursache ist die Prüfungsangst,
die viele daran hindert, eine Prüfungssituation erfolgreich durchzustehen.
Der Autor gibt aus langjähriger Erfahrung als Ausbilder, Dozent und IHK-Prüfer eine Vielzahl von leicht
umsetzbaren Tipps, Anregungen und Hinweisen zur optimalen Prüfungsvorbereitung und angstfreien
Prüfungsdurchführung.

Inhalt:
Das Phänomen Prüfungsangst – Empfehlungen für Ausbilderinnen und Ausbilder – Empfehlungen für
Dozentinnen und Dozenten der Fort- und Weiterbildung – Empfehlungen für die aufsichtsführenden
Prüferinnen und Prüfer bei schriftlichen Prüfungen – Empfehlungen für die Prüferinnen und Prüfer bei
mündlichen und praktischen Prüfungen, bei Präsentationen und Fachgesprächen – Empfehlungen für
Auszubildende als künftige Teilnehmer an beruflichen Abschlussprüfungen – Empfehlungen für die
Teilnehmerinnen und Teilnehmer an Fort- und Weiterbildungsprüfungen

Die Interessenten:
Das Buch ist unentbehrlich für alle am Prüfungsgeschehen
beteiligten Personen:
– Ausbilderinnen und Ausbilder
– Auszubildende aller Berufe
– Dozentinnen und Dozenten in der Fort- und Weiterbildung
– Teilnehmerinnen und Teilnehmer an Fort- und
Weiterbildungsprüfungen
– Prüferinnen und Prüfer (IHK, HWK).

*Blätterbare Leseprobe
und einfache Bestellung unter:
www.expertverlag.de/3065*

Rezensionen:
»Eine praxisbezogene und gut brauchbare Hilfe.« (ekz-Informationsdienst)

Der Autor:
Dieter K. Reibold ist seit 1972 als Dozent in Seminaren zur Ausbildung der Ausbilder tätig. Der gelernte
Bankkaufmann und frühere Ausbildungsleiter einer Regionalbank wurde 1973 in den Prüfungsausschuss
für die Ausbilderprüfung bei der IHK für München und Oberbayern berufen.
Der Autor veröffentlichte beim expert verlag zwei sehr erfolgreiche Prüfungsvorbereitungsbücher, die
tausenden von Ausbildern bei der Vorbereitung auf die Ausbilderprüfung gute Dienste leisteten.

Bestellhotline:
Tel: 07159 / 92 65-0 • Fax: -20
E-Mail: expert@expertverlag.de

expert verlag®
Erlesene Weiterbildung®

Dietmar Hartmann

Leitfaden für Ausbildungsbeauftragte in der betrieblichen Praxis

3., neu bearb. Aufl. 2017, 96 S., 22,00 €, 28,60 CHF
(expert taschenbücher, 116)
ISBN 978-3-8169-3403-5

Zum Buch:

Die 3., neu bearbeitete Auflage enthält zahlreiche Hilfestellungen, Tipps und Informationen im täglichen Umgang mit Auszubildenden. Weiterhin soll das Buch dem Leser einen tieferen Einblick in die Materie "Ausbildung vor Ort" geben. Fragen zu den Themen "Wie teile ich meine Zeit am besten ein?" oder "Wie erkenne bzw. löse ich Konflikte?", werden ebenso beantwortet wie arbeitspädagogische Fragestellungen zum Thema "Wie vermittle ich Wissen und Fertigkeiten?" Der Zusammenhang von Kompetenzen in Richtung "berufliche Handlungsfähigkeit" und Lernprozessbegleitung wird umfangreich beschrieben, ebenso die möglichst faire und objektive Bewertung von Ausbildungsleistungen. Auszüge aus den wichtigsten Gesetzestexten runden das Thema ab. Außerdem bietet dieses Buch dem Leser einen umfassenden Ausblick über die Wichtigkeit einer Prüfertätigkeit im dualen Bildungssystem.

Inhalt:

Unterschiede Ausbilder/Ausbildungsbeauftragte – Aufgaben und Stellung der Ausbildungsbeauftragten vor Ort – Wie vereinbare ich meine persönliche Arbeit mit der Betreuung der Auszubildenden – Wie vermittle ich Wissen – Unterweisungsmethoden – Definition der Lernziele – Lernprozessbegleitung – Berufliche Handlungsfähigkeit – Objektive Bewertung von Ausbildungsleistungen – Beurteilungsfehler – Konfliktarten und Konfliktlösungen – Wie "tickt" mein Auszubildender – Aktuelle Shell-Jugendstudie – Soziale Netzwerke – Unterschiedliche Sichtweisen und Erwartungen – Gesetzestexte – Begriffserklärungen

Die Interessenten:

Ausbildungsbeauftragte, Ausbilder vor Ort, Ausbildungspaten oder Ausbildende Fachkräfte aller Branchen und Unternehmensgrößen, also Mitarbeiter, die mit der Ausbildung von Auszubildenden (in der Regel Jugendliche) in der betrieblichen Praxis beauftragt wurden.

Rezensionen:

»Für alle, die täglich mit Auszubildenden zu tun haben«   **Handwerk in Bremen**

»Ein präziser und praxisnaher Ratgeber.«   **wirtschaft + weiterbildung**

»Ein handliches Büchlein, das kompakt alles Nötige vereint. Es enthält zahlreiche Hilfestellungen, Tipps und Informationen für den täglichen Umgang mit Auszubildenden. Neben Organisations- und Kommunikations-Aspekten geht es um arbeitspädagogische Fagen à la "Wie vermittle ich Wissen und Fertigkeiten".«   **Personal im Fokus**

Der Autor:

Dietmar Hartmann arbeitete im Bereich Forschung und Entwicklung eines großen Pharmaunternehmens und war dort verantwortlich für Praktikanten und Auszubildende. 1999 wurde er in den Prüfungsausschuss zur Ausbildereignungsprüfung der IHK Frankfurt/Main berufen. Herr Hartmann ist Mitglied im Referentenarbeitskreis "Weiterbildung und Qualifizierung von Mitgliedern in Prüfungsausschüssen" im Rahmen eines BMBF Projektes. Seit 2014 ist der Autor geprüfter Aus-und Weiterbildungspädagoge (IHK) und hier als Trainer und Dozent für Aus- und Weiterbildungsmaßnahmen von Auszubildenden und Ausbildern für namhafte Unternehmen deutschlandweit verantwortlich. 2015 wurde Herr Hartmann in den Prüfungsausschuss "Aus-und Weiterbildungspädagoge" und 2016 in den Schlichtungsausschuss der IHK Frankurt/Main berufen.

Bestellhotline:
Tel: 07159 / 92 65-0 • Fax: -20
E-Mail: expert@expertverlag.de

expert verlag®
Erlesene Weiterbildung®

Prof. Dr. jur. Kurt Haberkorn
Dr. Reinhard Krauss, Matthias Schoder

Erfolgreich bewerben

9., neu bearb. Aufl. 2009, 94 S., 19,80 €, 35,20 CHF

(expert taschenbücher, 9)
ISBN 978-3-8169-2759-4

Zum Buch:
Das Buch gibt einen praxis- und anwendungsorientierten Überblick zum Thema Bewerbung: Was sind richtige und erfolgreiche Bewerbungsunterlagen, was ist bei der Aufgabe einer Stellenanzeige zu beachten, wie ist das Vorstellungsgespräch vorzubereiten, wie sollte es ablaufen?
Neu hinzugekommen sind in der 9. Auflage Tipps für die immer wichtiger werdende Bewerbung über das Internet.
Das Buch enthält auch Muster für Bewerbungsschreiben, Kurzbewerbungen, Lebensläufe sowie Stellenanzeigen.

Inhalt:
Welche Bewerbungsunterlagen benötigen Sie bei der »klassischen« Bewerbung? – Bewerbung über das Internet – Sie wollen selbst ein Stellengesuch aufgeben – Sie wollen sich über die Agentur für Arbeit bewerben – Sie wollen die Möglichkeiten der privaten Arbeitsvermittlung nutzen – Was müssen Sie dem Arbeitgeber offenbaren? – Sie benötigen Zeit zum Suchen einer neuen Arbeitsstelle – Sie müssen (dürfen) sich vorstellen! – Wann haben Sie Anspruch auf Erstattung der Vorstellungskosten? – Sie wollen bereits vor Arbeitsantritt bzw. in der Probezeit wieder kündigen

Blätterbare Leseprobe und einfache Bestellung unter:
www.expertverlag.de/2759

Dieses Buch wurde geschrieben für alle Personen, ob Berufsanfänger oder qualifizierte Angestellte, die sich um eine neue Stelle erfolgreich bewerben wollen.

Rezensionen:
»Das Buch ist straff gegliedert, und der Leser kann schnell die für ihn wichtigen Aspekte finden. Die Tipps und Hinweise sind sowohl für Berufsanfänger geeignet als auch für den, der die Stelle wechseln will.«
Versicherungskaufmann

»Ein kostengünstiges und dennoch sehr ausführliches und informatives Nachschlagewerk. Leicht und verständlich geschrieben. Besonders positiv sind die zahlreichen Muster für Bewerbungsschreiben sowie für Stellenanzeigen.«
exPRESS

Die Autoren:
Prof. Dr. Kurt Haberkorn, Dr. Reinhard Krauss und Matthias Schoder.
Die unterschiedlichen, sich ergänzenden Schwerpunkte der Autoren in ihrer praktischen Personalarbeit erschließen dem Leser eine Fülle wichtiger Informationen.

Bestellhotline:
Tel: 07159 / 92 65-0 • Fax: -20
E-Mail: expert@expertverlag.de